Qu'est-ce que l'ignorance métaphysique (dans la pensée hindoue) ?

Dans la même collection :

Qu'est-ce que la politique ?
Bodin, Rousseau & Aron
par Simone Goyard-Fabre

Qu'est-ce que penser/calculer
Hobbes, Leibniz & Boole
par Daniel Parrochia

Qu'est-ce que la philosophie ?
Kant & Fichte
par Alexis Philonenko

Qu'est-ce que la royauté ?
Joseph de Maistre
par Jean-Yves Pranchère

Qu'est-ce que le droit ?
Aristote, Wolff & Fichte
par Alain Renaut

Qu'est-ce que l'éducation ?
Montaigne, Fichte et Lavelle
par Jean-Louis Vieillard-Baron

Qu'est-ce que la causalité ?
Kant et Hume
par Michel Malherbe

Qu'est-ce que la division du travail ?
Ferguson
par Jean-Pierre Séris

Pré-textes

Collection animée par
François Dagognet
et Alexis Philonenko

Qu'est-ce que l'ignorance métaphysique (dans la pensée hindoue) ?

Śaṅkara

par

Michel Hulin

Professeur à l'Université de Paris IV-Sorbonne

Paris
Librairie Philosophique J. Vrin
6, Place de la Sorbonne, 75005 *1994*

Printed in France

ISBN 2-7116-1182-5

Introduction

Qu'est-ce que l'ignorance métaphysique ?

Par « ignorance métaphysique » nous traduisons – de manière tout à fait approximative et donc provisoire – le terme sanskrit *avidyā* qui signifie littéralement « non-savoir » ou « absence de savoir ». Mais de quel savoir s'agit-il ici et en quel sens, pour qui, dans quelles conditions et avec quelles conséquences est-il réputé absent ? Ébaucher une réponse à ces différentes questions nous introduira au cœur d'une problématique commune à la quasi totalité des philosophies indiennes classiques, tant brahmaniques que bouddhiques.

Le qualificatif « métaphysique » renvoie bien ici, à un premier niveau d'interprétation, à une ignorance portant sur des *contenus* métaphysiques : l'être propre de l'homme, son origine, son rapport au divin, les fins possibles de son action et sa place dans l'économie générale de l'univers. On se tromperait fort, cependant, en y voyant une simple absence de savoir en matière métaphysique, quelque chose de neutre et de vide en soi que le « savoir » correspondant, apporté de l'extérieur ou engendré par la maturation interne de la curiosité naturelle, pourrait venir remplir sans rencontrer de résistance. Dès ses premiers commencements, en effet, la spéculation indienne a repéré cette ignorance et lui a attribué un caractère singulier : celui d'une violence faite à l'homme par une Puissance sans visage mais avec la complicité et par le truchement même des manières de sentir et de penser qui sont naturelles à l'homme et communes à tous les hommes.

Les textes védiques les plus anciens (second millénaire avant J.-C.) connaissent déjà la notion de *māyā* ou « pouvoir magique d'illusion ». Détenu d'abord par les démons, puis conquis par les dieux, il permet à ceux-ci de se jouer de leurs ennemis en se dérobant à volonté à leur vue sous mille et une formes trompeuses. Dans les philosophies de l'hindouisme classique (les *darśana*) la *māyā* deviendra l'« illusion cosmique », c'est-à-dire le pouvoir de l'absolu (du *brahman*) par lequel il se cache derrière les apparences de l'univers sensible et se disperse faussement à travers la multiplicité indéfinie des consciences individuelles peuplant cet univers [1].

1. Sur la notion de *māyā*, voir l'article *Māyā* in *Encyclopédie Philosophique*, PUF, vol. II, *Les notions philosophiques*, t. 2, p. 2860 sq. Également, O. Lacombe, « L'illusion cosmique et les thèmes apparentés dans la

Mais, dès le stade représenté par les *Upaniṣad* védiques (entre 800 et 300 avant J.-C.), la *māyā* avait déjà été comprise comme le pouvoir d'illusion par lequel les dieux maintiennent les mortels captifs des liens du désir et de la crainte, de telle sorte que, mûs par l'espoir de récompenses dans l'ici-bas ou dans l'au-delà et par la peur de châtiments célestes, ils ne cessent de travailler pour le compte des dieux, les « nourrissant » constamment par les sacrifices qu'ils leur offrent. L'ignorance métaphysique que les dieux suscitent et exploitent à leur profit se trouve ainsi décrite dans les plus anciennes *Upaniṣad* comme une sorte de méconnaissance de soi naturelle à l'homme, en fonction de laquelle il oublie que sa propre essence intérieure, ou *ātman*, loin de se réduire à une réalité finie et dépendante, est identifiable, au-delà même des dieux, au fondement ultime de l'univers, c'est-à-dire au *brahman*.

Le fait de repérer et de dénoncer l'*avidyā* comportera donc, à supposer qu'il soit possible, une dimension de transgression ou de sacrilège à travers laquelle l'homme remettra en question l'ordre du monde et refusera la place subordonnée qui, à l'intérieur de cet ordre, lui était depuis

philosophie indienne » in *Indianité*, Paris, Belles Lettres, 1979, p. 85-100.

toujours réservée. C'est ce qu'explique la *Bṛhadāraṇyaka-upaniṣad* dans un passage décisif: « En vérité, à l'origine, le *brahman* seul existait. Il ne connaissait donc que lui-même: « Je suis *brahman* », et il était le Tout. Puis chacun des dieux le fut, au fur et à mesure qu'ils s'éveillèrent à la pensée ; de même des sages, de même des hommes... De même aujourd'hui, celui qui sait ainsi : « Je suis *brahman* », celui-là est le Tout, et les dieux mêmes ne peuvent l'en empêcher, car il est leur Soi (*ātman*). Et celui qui considère : « Le dieu est un et moi je suis un autre », celui-là ne sait pas. Il est pour les dieux comme un bétail. Et comme beaucoup d'animaux sont au service de l'homme, chaque homme est au service des dieux... C'est pourquoi il leur déplaît que les hommes sachent cela » [1].

L'*avidyā* est donc originellement conçue comme une puissance de sommeil et d'aveuglement qui pèse sur la condition humaine en général – et non pas seulemnt sur certains individus – pour la maintenir dans la servitude. Mystérieusement, l'ordre du monde serait agencé de manière à tromper l'humanité, génération après génération, et à l'égarer sur des voies sans issue. Toutefois – et

1. *Bṛhadāraṇyaka-upaniṣad* I, 4, 10. Trad. E. Senart (modifiée), Paris, Belles Lettres, 1934, p. 12 sq.

c'est là le second trait majeur de l'*avidyā* dans la spéculation des *Upaniṣad* – la tromperie cosmique exercée sur l'homme (et sur tout être fini pensant) ne revêt en rien le caractère d'une manipulation extérieure. Elle s'opère avec la participation active de l'homme et en se conformant à la logique immanente des structures fondamentales de son être-au-monde. Il importe en effet de voir que l'*avidyā* n'a rien d'une innocente ignorance ni d'une erreur intellectuelle pure qu'une pédagogie adaptée, ou une maïeutique, suffirait à redresser. Elle a une dimension existentielle et comporte une manière active, quoique non consciente d'elle-même et de ses démarches, de se détourner du réel, c'est-à-dire de se fuir soi-même en se projetant vers un extérieur fantomatique.

Le schéma qui préside à la notion d'*avidyā* est simple bien que difficile à percevoir immédiatement dans toute l'étendue de ses conséquences. L'*avidyā* représente un mélange détonant de savoir absolu et d'erreur radicale. D'un côté, elle fait fond sur la conscience inamissible d'exister en droit de toute éternité, et non pas seulement en fait et maintenant. Dans le langage du Vedānta classique, elle préserve une obscure réminiscence de l'identité ultime entre le Soi (l'*ātman*) et l'absolu (le *brahman*). Mais, d'un autre côté, elle admet tacitement comme évidente la délimitation de cette conscience de soi par les paramètres du corps physique et, à travers eux, par les fonctions et positions sociales. En d'autres termes, le moi se reconnaît à chaque instant comme grand, petit, malade, en bonne santé, riche, pauvre, homme, femme, maître, serviteur, etc. Et c'est le heurt de ces deux évidences incompatibles qui constitue l'essence conflictuelle de l'*avidyā*..

Le premier type de conscience, en effet, implique un absolu attachement à soi-même, un amour absolu de soi, une négation radicale de tout le non-soi. Mais le second type de conscience implique une saisie de soi-même comme jeté au monde et livré au jeu des forces physiques et sociales. En tant qu'il reflète la réalité ultime, l'amour inconditionnel de soi est indestructible et aucune règle ou loi ne saurait prétendre le limiter de l'extérieur, mais une fois rabattu sur le plan de l'ego individuel, il dégénère en « amour-propre » et se traduit par un effort désespéré pour dicter sa loi au cours du monde, c'est-à-dire pour contraindre la réalité extérieure, les forces naturelles aussi bien que les autres volontés humaines, à se mettre au service de l'intérêt personnel du sujet. Par là-même, celui-ci est livré à l'interminable jeu de bascule de l'amour et de la haine, de l'espoir et de la crainte, de la réussite et de l'échec, de la joie et de la douleur, bref de tout ce que l'Inde ancienne appelait les *dvandva* ou « couples d'opposés ». L'*avidyā* se laisse ainsi décrire comme le dévoiement originel de l'amour de soi – un amour par définition toujours comblé et saturé de béatitude - et sa transformation en une quête éperdue de soi à travers les horizons fuyants du monde. Elle est, au sens propre, extra-version : « Vers l'extérieur le (dieu) né de lui-même a percé les ouvertures (du corps) : c'est pourquoi l'on voit vers l'extérieur, non vers soi. Un certain sage qui cherchait l'immortalité a regardé au dedans de soi, les yeux révulsés » [1].

L'*avidyā* entretient donc un rapport privilégié avec le désir (*kāma*) ou, comme disent les bouddhistes, avec la « soif » (*tṛṣṇā*) sous ses différentes formes. Liée au désir, elle est *ipso facto* liée aussi à la souffrance (*duḥkha*) : non seulement parce qu'il y a incompatibilité entre la revendication de l'ego, de tout ego, à être aimé, admiré, protégé, etc. et un ordre du monde qui, ignorant cette revendication, ne peut au mieux la satisfaire qu'en passant, mais aussi parce que le désir, en tant qu'arrachement arbitraire, irraisonné, à la béatitude immanente du Soi, est déjà en lui-même une contradiction vécue et une souffrance.

1. *Katha-Upaniṣad* IV, 1. Trad. L. Renou, Paris, Adrien-Maisonneuve, 1941, p. 14.

Mais ce qu'il importe peut-être avant tout de souligner, c'est le caractère en quelque sorte naturel et universel de l'ignorance métaphysique. Les philosophes de l'Inde ancienne la qualifient régulièrement de *sahaja*, « innée » et d'*anādi*, « sans commencement ». Par là ils donnent clairement à entendre qu'à leurs yeux cette *avidyā* n'a rien de commun avec une quelconque attitude intellectuelle – fût-elle essentiellement négative ou agnostique – *adoptée* par tel sujet à telle période de sa vie.

Le qualificatif « inné », tout d'abord, renvoie à des structures de l'être-au-monde qui précèdent aussi bien le développement du langage que le processus de socialisation. Dans les cris et les pleurs du nouveau-né, dans son ardeur à têter le sein maternel, les penseurs du bouddhisme et du brahmanisme s'accordent à déceler les signes de cette double conscience caractéristique de l'*avidyā* : la position naturelle de soi comme représentant la valeur la plus haute ou la mesure même de toute valeur; la conscience de ne pas se suffire à soi-même et de dépendre, pour continuer à vivre et à s'affirmer dans le monde, de l'Autre en général. L'enfant n'est certes pas réputé théoriser cette attitude mais il l'incarne déjà dans tout son illogisme. Du nourrisson à l'adulte civilisé l'évolution se fera par transitions insensibles, de telle sorte qu'à aucun moment, sauf intervention extérieure, l'égocentrisme primaire du nourrisson n'aura l'occasion d'être remis en question. Il se retrouvera donc intact chez l'adulte, à cette seule différence près que l'impuissance relative du petit enfant aura été entre temps surmontée, du moins en apparence, par l'acquisition de toutes sortes de moyens de réalisation de la volonté propre, intellectuels aussi bien que matériels.

Cette manière d'insister sur la continuité enfant-adulte évoque immédiatement pour nous le thème cartésien bien connu, selon lequel les préjugés de l'adulte en matière métaphysique s'enracinent dans les modes d'expérience, et notamment de rapport au corps, propres à la petite enfance. Chez Descartes, toutefois, il s'agit encore de préjugés *acquis*, même si cette acquisition est précoce, voire antérieure à l'accès au langage et au raisonnement. Les Indiens, au contraire, estiment à peu près unanimement que le nouveau-né, lorsqu'il vient au monde, apporte avec lui sinon le bagage entier de ses préjugés du moins tout ce qui est nécessaire pour les développer. Il ne les fabrique pas dans l'urgence, en liaison, par exemple, avec le caractère éventuellement traumatisant de son premier contact avec le monde. C'est au contraire parce qu'il est déjà d'avance porteur de la contradiction interne caractéristique de l'*avidyā* que ce premier contact est placé pour lui sous le signe du dénuement et de la souffrance. Cela implique évidemment le principe d'une préexistence des « âmes », toute naissance n'étant jamais qu'une renaissance. Nous examinerons plus loin l'origine possible et la portée de ce principe dont la prise en compte est nécessaire à la compréhension adéquate de chacune des philosophies de l'Inde ancienne.

L'*avidyā* se présente ainsi tout d'abord comme une sorte de « doxa originaire » ou de préjugé fondamental aux termes duquel le moi individuel, isolé dans sa singularité, se place littéralement au centre du monde et se considère lui-même comme la *fons et origo* de toute signification comme de toute valeur. Ce moi individuel, porteur de ses désirs et de ses intérêts propres, se ressent comme l'absolu par excellence, comme cela même dont la remise en question serait proprement inimaginable. Une telle attitude revient, directement ou indirectement, tantôt sur un mode brutal et cynique tantôt sous toutes sortes de voiles ou prétextes idéologiques, à n'apprécier les êtres et les événements du monde qu'à travers les catégories duelles du favorable et du défavorable, de l'utile et du nuisible, de l'attirant et de l'effrayant, bref de ce qui se présente comme « bon pour moi » ou « mauvais pour moi ». Sur un autre plan, l'*avidyā* peut être considérée comme la transposition au niveau humain du « vouloir-vivre », c'est-à-dire de cette attitude naturelle d'auto-affirmation inconditionnelle à travers laquelle les vivants infrahumains, essentiellement les animaux, s'efforcent d'assurer, le temps au moins de se reproduire, le maintien de leur existence propre.

On se tromperait fort, cependant, si l'on prétendait réduire l'ignorance métaphysique à une sorte de mécanisme affectif, simple reflet ou traduction psychique du phénomène primaire de l'individuation biologique. S'il en allait ainsi, en effet, l'*avidyā* ne pourrait jamais être ni mise en évidence comme telle ni *a fortiori* surmontée car, exprimant un fait de nature, elle demeurerait à chaque instant immanente à l'ensemble de nos fonctionnements mentaux et ainsi présiderait à toute démarche intellectuelle supposée s'orienter vers sa dénonciation et sa suppression ! De plus, unc telle conception, en assimilant implicitement l'intellect à un simple instrument au service des pulsions biologiques, ne rendrait absolument pas compte de ce dernier en tant que pouvoir fondamental de réflexion et de compréhension. Aussi bien, la spéculation philosophique indienne s'est-elle, de tout temps, orientée dans une autre direction.

A cet égard, on ne soulignera jamais assez le rôle central qu'a joué ici la réflexion sur la nature et la fonction du langage. Très tôt, en effet, à la suite de Pāṇini (vers 300 avant J.-C.), fondateur de la grammaire et de la linguistique, divers auteurs ont pris conscience que la langue – pour eux avant tout le sanskrit – ne se réduisait nullement à un simple instrument, en lui-même inerte et neutre, d'expression des pensées, mais possédait une structure propre capable d'in-former les données de l'expérience perceptive brute et de nous proposer, ou imposer, un certain découpage du réel.

Ici, deux grandes orientations se font jour. Certaines écoles philosophiques brahmaniques – par exemple le Nyāya-Vaiśeṣika ou la « première Mīmāṃsā » – admettent une sorte de parallélisme entre les mots et les choses, en ce sens que la correspondance entre les uns et les autres aurait été établie à l'origine, au commencement de chaque création ou re-création du monde, par le Seigneur Suprême (*Iśvara*) ou encore exprimerait l'ordre immanent de l'univers, le *dharma*. Toutes ces écoles enseignent que les principaux types de mots (substantifs, adjectifs, pronoms, verbes, etc.), ainsi que les cas (nominatif, accusatif, etc.) et les relations syntaxiques à l'intérieur de la phrase correspondent à autant de catégories du réel ou *padārtha* (litt. : « objets de mots »). Ainsi la substance (*dravya*) correspond-elle au substantif, la qualité (*guṇa*) à l'adjectif, l'action (*karman*) au verbe, etc. De plus, grâce au jeu des « traits généraux » (*sāmanya*) et des « traits particuliers » (*viśeṣa*), le langage serait capable tout à la fois de se déployer sur le plan de l'universel (par exemple, dans le raisonnement abstrait) et de désigner sans ambiguïté le ceci sensible immédiat. Les représentants de ces écoles qui ont en commun de faire globalement confiance au langage estiment qu'il nous fournit – sauf cas particuliers à reconnaître et traiter comme tels – une prise solide sur le réel. En même temps, il s'avère – et ce n'est aucunement un hasard – que la plupart d'entre eux n'adhèrent que du bout des lèvres à la doctrine de l'ignorance métaphysique.

En revanche, d'autres courants de pensée, au premier rang desquels le Sāṃkhya-Yoga, le Vedānta et l'ensemble des écoles bouddhiques, tirent de Pāṇini un enseignement tout différent. Non qu'ils remettent en cause la validité ou la pertinence « technique » de l'analyse des faits linguistiques proposée par les théoriciens du sanskrit, mais cette structuration du réel opérée par le langage leur paraît à la fois refléter l'ignorance métaphysique et contribuer de la manière la plus insidieuse et la plus funeste à la renforcer, au point de la rendre pratiquement insurmontable, du moins sur la base des seules ressources de l'esprit humain. L'idée directrice est ici que les véritables unités constitutives du langage sont les phrases ou les propositions (*vākya*) et non pas les mots. Or la structure essentielle de toute phrase serait constituée par la relation que la médiation du verbe introduit entre le sujet (*kartṛ*, litt. « agent ») et l'objet (*karman*), les autres termes présents dans une phrase donnée ne servant qu'à qualifier soit le sujet, soit l'objet, soit les modalités de leur relation. La relation elle-même, exprimée par le verbe, est conçue essentiellement sous les espèces d'une action modificatrice exercée par le sujet sur l'objet. Là même où il paraît s'agir d'un rapport de contemplation ou d'intellection, les grammairiens indiens s'acharnent à concevoir celui-ci comme un degré minimal d'activité. Ils font ainsi remarquer, par exemple, que les mots signifiant « conception » ou « compréhension » se construisent sur la base de racines verbales, comme I ou GAM qui signifient proprement « aller vers », « se rendre auprès de » ou encore « entrer dans ».

Cela revient à poser que le langage tout entier s'organise autour du sujet, seul centre d'initiative et foyer de toute intention signifiante. Ces mêmes grammairiens ont été – semble-t-il – les premiers dans l'histoire à entamer une réflexion sur les « personnes » du discours. Elle leur a permis de mettre en évidence le primat de ce que nous appellerions la première personne (le Je ou le Nous), en fonction de laquelle les autres personnes prennent sens, alors que l'inverse n'est pas concevable. Mais, dans la foulée, ils en venaient à comprendre l'essentielle solidarité qui lie la première personne aux deux autres, puisque le langage est toujours (au moins potentiellement) discours adressé à quelqu'un au sujet de quelqu'un ou de quelque chose. Mais cette même structure dialogale entraînait à son tour chez le sujet parlant la prise de conscience d'une réversibilité des rôles : la possibilité pour lui, à tout moment, de devenir objet du discours ou de l'action d'un autre.

Et c'est ainsi que l'ignorance métaphysique viendrait cristalliser dans les formes mêmes du langage. De la vérité ultime – c'est-à-dire de l'absolue réalité du Soi – le langage quotidien ne conserverait plus qu'une trace, d'ailleurs infiniment précieuse, à savoir la présence de droit du Je derrière tout type de discours d'allure objective portant sur le monde en général, et même derrière tout type de discours dans lequel le sujet évoque sa propre absence, ou sa propre inexistence, dans le passé aussi bien que dans le futur. Mais, pour tout le reste, le fonctionnement du langage, la participation à l'intersubjectivité du discours supposent un sujet concret qui s'attribue une origine dans le temps et une localisation dans l'espace, qui se reconnaît diverses déterminations, comme des qualités physiques ou psychiques, qui poursuit des buts propres et entre pour cela en rapport avec d'autres hommes, rencontrant tantôt le succès et tantôt l'échec. En d'autres termes, le Soi intemporel, identifiable au *brahman*, autarcique, transpersonnel, s'apparaît maintenant à lui-même – et d'abord *s'énonce* pour lui-même – sous les espèces d'un moi empirique, porteur d'un caractère et d'une identité sociale, sujet du désir et de la crainte, jeté dans le monde au milieu de ses semblables.

Foyer vivant de toute intentionnalité et sujet ultime de tout discours, le moi se perçoit ainsi comme une unité ontologique autonome, lestée dans chaque cas d'un contenu particulier et insérée en un endroit précis de la trame des événements du monde. Conçu de cette manière, le sujet possède un double principe d'unité, d'une part, l'unité monadique absolue, celle du Soi, laquelle, étant d'ordre transpersonnel, ne comporte aucune détermination particulière et ne l'oppose pas à d'autres sujets; d'autre part, greffée sur la première et la recouvrant au point de l'occulter, une unité empirique, psychologique, sociale, etc. par laquelle il se différencie de tous ses semblables. Confirmant et renforçant jour après jour cette forme de conscience de soi en la réaffirmant sans cesse à travers son propre discours, le sujet tend naturellement à la projeter sur tout ce qui advient à l'intérieur de lui-même et autour de lui. D'un côté, il réduit le flux des événements intérieurs à un jeu de qualités venant tour à tour s'agréger à un noyau substantiel immuable et s'en détacher. De l'autre, il découpe dans le continuum des phénomènes extérieurs des unités relativement stables, les « choses » ou substances sensibles individuelles, désignées précisément dans le langage par des substantifs. Et tout comportement « mondain » paraît devoir se fonder sur cette double permanence parallèle – fût-elle seulement relative – des sujets et des choses sur lesquelles ceux-ci exercent leur activité.

Or la pensée indienne – d'abord chez les bouddhistes puis également en milieu brahmanique – a été sensible très tôt au caractère essentiellement arbitraire de tels découpages. En particulier, elle a relevé avec prédilection ce fait que non seulement les qualités affectives ou esthétiques portées par les choses mais aussi leur configuration perceptive propre reflétaient les intentions pragmatiques des sujets entrant en rapport avec celles-ci. Une même pièce d'étoffe blanche, par exemple, sera perçue comme vêtement possible par celui qui désire s'y draper, comme élément d'une corde de fortune par un prisonnier cherchant à s'évader, comme ensemble de fils par celui qui a besoin de charpie... voire comme terrain d'atterrissage par un insecte volant dans la pièce! En fonction de cette multiplicité des points de vue ou perspectives possibles, une seule et même chose apparaît tantôt comme regroupement commode d'éléments divers, tantôt comme partie d'un ensemble plus réel qu'elle-même. Mais, à chaque fois, le sujet tendrait à considérer comme absolu, comme inscrit d'avance dans la réalité elle-même, le mode de découpage reflétant ses intentions du moment.

Et c'est ainsi que l'ignorance métaphysique se consoliderait jour après jour à notre insu et se pérenniserait grâce à ce dangereux pouvoir de réification détenu par le langage. Pris dans les mailles du langage, soumis à sa logique immanente, les sujets parlants sont voués à s'éprouver sous la forme d'entités substantielles individuelles, distinctes les unes des autres sur le fond d'une essence commune, insérées sans retour dans le temps, l'espace et la causalité, et aux prises avec un monde de choses elles-mêmes quasi individuelles. De plus, l'enfermement dans le langage fait que l'ignorance métaphysique est immédiatement collective et jamais simplement affaire privée. La quadripartition du réel en sujets, objets, actions et relations se voit en effet sans cesse ratifiée par la communication verbale en tant que celle-ci repose sur un ensemble de conventions universellement reconnues – au moins à l'intérieur d'une aire culturelle donnée – et surtout reçues à la naissance parce que transmises de génération en génération depuis des temps immémoriaux. Telle est l'implication de la notion si importante de *vyavahāra* (Cf. *Lexique*), sorte de consensus tacite présidant non seulement au langage lui-même mais aussi à la forme des institutions, du droit, des mœurs, etc. A travers ce consensus, les individus se trouvent plongés dans un véritable rêve collectif dont rien, dans l'espace social, ne détient la capacité de les éveiller. L'aspect du langage selon lequel il est « toujours déjà là », avec ses préjugés métaphysiques implicites, rejoint ainsi cette propriété fondamentale de l'*avidyā* d'être « sans commencement ».

Or cette « mauvaise éternité » du langage et de l'ignorance métaphysique comporte, dans le cadre de la culture indienne traditionnelle, des conséquences religieuses d'une portée considérable. Si, en effet, nous naissons ignorants, non pas en tant qu'affectés d'un simple défaut de connaissance mais en tant que porteurs de pré-jugés fondamentaux, il faut bien que nous ayions préexisté à ce qui se présente au premier abord comme l'événement unique et non répétable de notre naissance en ce monde. Parce que l'*avidyā*, comme le langage lui-même, est sans commencement et ne prend sens que par rapport à nous, il est nécessaire que chacun de nous soit lui-même sans commencement. L'*avidyā* apparaît ainsi liée en profondeur au dogme central des eschatologies indiennes classiques, celui du *saṃsāra* ou de la transmigration indéfinie des âmes. Ce n'est pas ici le lieu d'aborder les problèmes, d'ailleurs quasi inextricables, liés à la genèse historique des croyances transmigrationnistes. Faute de documents suffisamment nombreux et explicites, les commencements du *saṃsāra* demeurent plongés, sans doute à jamais, dans une épaisse obscurité. Les motifs profonds de l'« invention » de cette doctrine dans les *Upaniṣad* anciennes sont néanmoins tout à fait apparents.

Ce qui constitue en effet la grande découverte, la révélation des *Upaniṣad*, c'est bien l'*ātman*, le Soi, dans sa dimension de transcendance et d'intemporalité. Or ici, pour la première fois peut-être dans l'histoire de la pensée, ce qu'on a pris l'habitude d'appeler conventionnellement « l'immortalité de l'âme » a cessé d'être simple croyance en une vie après la mort, a cessé d'être affaire de foi et d'espérance pour se présenter sous les traits d'une expérience immédiate, évidente, indubitable. Nous ignorons certes le détail des conditions dans lesquelles a pu s'opérer cette percée. Il semble bien cependant – maintes allusions éparses dans les textes pointent dans cette direction – que des pratiques ascétiques extrêmes (désignées sous le nom générique de *tapas* ou « échauffement »), peut-être associées dans certains cas à la consommation rituelle de substances hallucinogènes, aient conduit certains chercheurs de vérité, les *ṛṣi* ou « voyants », à des expériences extatiques paraissant vérifier la transcendance de l'*ātman* et l'incapacité du corps à le conditionner réellement, que ce soit en termes de localisation dans l'espace et le temps ou en termes de pouvoirs.

A partir de là, pour quiconque désirait tenir ensemble les deux évidences antagonistes de l'intemporalité du Soi et de son bref parcours à sens unique entre naissance et mort, l'hypothèse de la transmigration ou de la réincarnation s'imposait en quelque sorte d'elle-même. Dans la perspective du *saṃsāra*, le parcours de vie que chacun de nous est présentement en train d'accomplir ne représente qu'un infime fragment de cette pérégrination de corps en corps dans laquelle nous sommes engagés de toute éternité et qui, à moins d'une intervention extérieure de la Transcendance, est destinée à ne jamais s'achever.

Il y a ainsi deux modes d'éternité de l'*ātman* : l'un vrai, absolu ; et l'autre qui n'est que l'image mouvante du premier, récurrence infinie ou sempiternité plutôt qu'éternité proprement dite. Le *saṃsāra* présuppose donc, comme sa condition de possibilité, une sorte de dédoublement pré-empirique de l'*ātman*. Lui qui est toute réalité, qui procède de lui-même (*svayaṃ-bhū*), qui se suffit parfaitement à lui-même, mystérieusement, ne se satisfait pas de cette complète autarcie ontologique et, métaphoriquement, se met à « regarder autour de soi », en quête d'un Autre. Ce faisant, il se particularise, se donne un contenu déterminé et *ipso facto* éclate en une multitude indéfinie de soi individuels incarnés et situés dans le temps. Telle est la déchéance originelle du Soi, sorte d'événement archétypal autour duquel la méditation des philosophes indiens n'a cessé, dans les siècles postérieurs, de graviter. Avant donc d'apparaître comme un trait structural de la conscience humaine et du comportement humain, l'*avidyā* se présente, du moins à un premier niveau de réflexion, comme une maladie congénitale de l'absolu.

En même temps, cependant, cette ignorance métaphysique n'a rien d'une *vis a tergo*. Elle n'est pas assimilable à un « péché originel » commis par quelque ancêtre en un moment défini du passé et qui pèserait sur nous comme une sorte de fatalité héréditaire. Si elle détermine la forme temporelle de notre expérience, l'*avidyā* – en tant que toujours actuelle dans l'*ātman* (ou le *brahman*, ce qui revient au même) – n'appartient pas davantage au passé qu'au présent ou à l'avenir. Elle n'est pas elle-même situable dans le temps. C'est dire que l'événement originel de la déchéance du Soi continue à s'accomplir au présent chaque fois qu'un sujet humain – ou même un quelconque être pensant fini – se détourne de son *ātman* et, selon la pente de son désir extraverti, cherche vainement à travers la jouissance des choses extérieures et la domination de ses semblables à se réconcilier avec lui-même, en quelque sorte à se ressouder [1].

Ce principe selon lequel l'*avidyā* s'actualise en nous sous la forme du désir, avec sa contrepartie négative de crainte, et d'un désir toujours inévitablement frustré parce qu'au départ ignorant de son véritable but, conduit directement à ce qui

1. Telle est sans doute la raison pour laquelle la pensée indienne, védântique notamment, n'a jamais voulu choisir entre la thèse unilatéralement spéculative de l'ignorance métaphysique « sise en *brahman* » et la thèse unilatéralement psychologique de l'ignorance « sise en l'âme individuelle (*jīva*) ».

constitue la corrélat intelligible du *saṃsāra*, à savoir le *karman* ou acte porteur de sens. L'acte est en effet le moteur de la transmigration dans la mesure où il traduit directement le vouloir-être-plus ou le vouloir-être-mieux, donc la tendance à se fuir soi-même qui est au cœur de l'ignorance métaphysique. Par là-même il nous arrache au présent et nous projette dans l'avenir. L'acte ne s'inscrit pas dans un avenir qui nous serait promis de toute manière. Il redéploie, recrée sans cesse pour nous la dimension même de l'avenir. Dans le cadre de notre actuelle existence terrestre, l'ensemble de nos comportements se laisse interpréter comme une marche à la rencontre d'un horizon qui recule au fur et à mesure que nous croyons nous en rapprocher puisque, sans le savoir et surtout sans vouloir l'admettre, c'est uniquement de nous-mêmes que nous sommes en quête. Sur la base de ces prémisses la spéculation philosophique de l'Inde ancienne a tenté l'audacieuse démarche consistant à généraliser cette conception de l'acte comme « fuite en avant » au-delà des limites de l'existence présente. Pour ce faire, elle a émis l'hypothèse que tout geste, toute parole ou même toute pensée déposait sa trace en nous et que ces traces, une fois recueillies dans une structure cachée de l'organisme appelée « corps subtil » s'y combinaient pour constituer des habitus, des savoirs, des tendances ou *saṃskāra*.

Admettant, d'autre part, que ce corps subtil se trouve, quoique matériel, soustrait à l'action des éléments physiques « grossiers » (eau, feu, etc.), elle disposait d'un support, d'un véhicule capable de transporter d'une incarnation à l'autre les tendances héritées de l'existence ou des existences précédentes. Dans cette perspective, la réincarnation comme série indéfinie de renaissances tantôt glorieuses, tantôt médiocres, voire basses et infamantes, animales mêmes, exprime moins un système moral de « rétribution » et de « punition » que la poursuite, d'existence en existence, d'un même projet fondamental, la défense et illustration d'une même version ou variante individuelle de l'*avidyā*. Il advient à chacun, de naissance en naissance, moins ce qu'il mérite que ce qui lui ressemble [1]. On en conclut que la condition humaine, dans la mesure où elle est dominée et dirigée par l'ignorance métaphysique, est tout entière placée sous le signe de l'illusion, de la servitude et du malheur.

1. Il n'est pas possible de décrire ici plus en détail le mécanisme – extraordinairement complexe – du *karman*. On pourra consulter à ce propos l'article « Karman » de l'*Encyclopédie philosophique* (*op. cit.*, p. 2845-2848).

Qualifier la condition humaine d'état de servitude, toutefois, n'a de sens qu'en référence à un envers de la servitude, c'est-à-dire à un état d'absolue liberté. Et c'est bien le cas de la plupart des doctrines philosophiques indiennes, lesquelles se présentent ouvertement comme des sotériologies. Face à la servitude humaine, elles dressent le tableau d'un état radicalement différent : la délivrance (*mokṣa* ou *mukti*). Accéder à la délivrance signifie, négativement, ne plus être astreint désormais à renaître au sortir de l'existence présente. De manière plus concrète, l'entrée dans la délivrance représente, en cette vie même, la cessation définitive de l'ensemble des désirs, des illusions et des souffrances en tant que ces choses apparaissent comme la conséquence directe de l'ignorance métaphysique. Il semblerait donc que l'élimination de l'*avidyā* doive constituer la tâche par excellence de la réflexion philosophique.

Mais ici surgit aussitôt un très redoutable problème. C'est que l'*avidyā*, comme on l'a dit, ne se laisse pas identifier à un ensemble d'opinions fausses en matière métaphysique, opinions qu'une saine méthode philosophique aurait en principe la capacité de redresser. Si vraiment elle structure la manière même selon laquelle nous percevons le monde et, à travers le langage et sa logique immanente, la manière selon laquelle nous le pensons, toute tentative de la dénoncer et de la réduire est vouée à l'échec car elle se retrouvera au cœur même de n'importe quelle démarche philosophique prétendant la combattre et l'éliminer : habitant, infectant, pervertissant de l'intérieur cette démarche et célébrant son plus grand triomphe en inspirant dans l'ombre les conclusions dogmatiques mêmes censées s'imposer sur ses ruines. Et de fait, c'est un motif favori des spirituels indiens, sinon des philosophes, que celui de la « littérature de l'*avidyā* » : bibliothèques entières écrites dans le « sommeil » par des métaphysiciens somnambules, d'autant plus sûrement piégés par l'*avidyā* qu'ils se sont crus capables d'en repérer le mode de fonctionnement ! En un sens, cette *avidyā* se présente comme un mode d'expérience, un système parfaitement clos sur lui-même, complètement « étanche », éminemment apte à récupérer et priver de signification toute tentative de prise de conscience visant à la surmonter[1].

Mais, s'il en allait vraiment ainsi, l'*avidyā* n'aurait jamais pu être stigmatisée comme telle, ni

1. C'est cette structure fermée d'une sorte de pseudo-savoir ou de contre-savoir, capable en lui-même de bloquer indéfiniment tout accès au savoir véritable, que les traductions aujourd'hui devenues courantes d'*avidyā* par « nescience » ou « inscience » cherchent à caractériser.

même décelée. Des erreurs de fait, des contradictions locales *à l'intérieur du système* auraient pu, certes, être détectées mais cette dénonciation aurait encore obéi à la logique interne du système qui est, rappelons-le, celle du langage en général. Et ainsi la mise en évidence d'un principe universel d'illusion, tel que tout discours humain, tout jugement, soit d'avance posé comme corrompu par lui, n'aurait jamais pu avoir lieu[1]. Or c'est un fait que nous avons une certaine conscience de l'*avidyā* en tant que telle et que nous en formons la notion. Du point de vue indien traditionnel, la seule explication possible de ce fait est qu'une lumière, un secours nous est venu d'ailleurs. En d'autres termes, l'absolu, l'*ātman-brahman*, lui-même originellement affecté par la nescience et nous la transmettant, compenserait en quelque sorte de toute éternité les effets de cette magie hypnotisante en se rendant proche de nous sous la forme d'un certain discours, véritable fil d'Ariane capable de nous guider hors du labyrinthe de l'illusion. Ce discours de l'absolu n'est autre que le Veda, compris non pas comme un discours humain sur Dieu et l'invisible mais bien comme

1. En un sens, le principe de l'*avidyā* est plus radical encore que l'hypothèse du Malin Génie chez Descartes car il exclut d'avance toute possibilité d'une expérience pure échappant par nature à l'illusion.

une auto-révélation de l'absolu. A l'intérieur de la Révélation védique ou *Śruti*, ce discours salvifique revêt une forme particulièrement condensée et riche de sens dans ce qu'on appelle les « Grandes Paroles » (*mahā-vākya*) des *Upaniṣad*. Il s'agit de formules brèves, abruptes même, qui révèlent directement au sujet humain son identité concrète à l'absolu ; ainsi le célèbre *tat tvam asi* : « Tu es Cela » (c'est-à-dire l'*ātman-brahman*).

Essentielle donc à cette construction spéculative, et trop souvent négligée ou minimisée par les commentateurs, est la notion d'une « parousie » de l'absolu, lequel, librement, se mettrait à la disposition des hommes pour leur ouvrir la voie de la délivrance. Il n'est jusqu'aux catégories proprement religieuses de la grâce et de l'élection qu'il ne devienne légitime d'invoquer dans ce contexte : « Cet *ātman* – proclame la *Katha-Upaniṣad* – ne peut être atteint par l'éxégèse, ni par l'intellect, ni par beaucoup d'étude. Celui qu'Il élit peut seul l'atteindre ; pour lui cet *ātman* découvre sa forme corporelle »[1].

Cette idée que les pouvoirs de l'intellect humain sont affectés d'une limitation structurale telle que, livrés à eux-mêmes, ils ne possèdent aucune prise véritable sur la réalité ultime, se

1. *Katha-Upaniṣad* II, 2, 3. *Trad. cit*, p. 12.

retrouve dans toute l'histoire de la pensée indienne et, plus particulièrement, dans les écoles qui, telles le Vedânta, se réclament directement de la tradition upanishadique. D'où une façade d'irrationalisme et de fidéisme théologisant présente même chez les plus spéculatifs des représentants de ces courants de pensée : « Sans doute le bien-fondé du raisonnement est avéré touchant certains objets, mais il ne l'est pas concernant l'objet transcendant qui est ici en question. Et de ce défaut résulte que le raisonnement ne procure pas la délivrance. Car la Réalité, très profondément secrète en sa manière d'être essentielle, dont la délivrance dépend, ne peut même pas être devinée sans la Révélation. En effet, étant sans forme, ni couleur ni aucune autre qualité sensible, cet objet ne rentre pas dans le domaine de la perception, et ne comportant pas non plus de marques caractéristiques ou d'autres signes différenciés, il échappe à l'inférence et aux normes de connaissance de ce genre »[1].

Il est alors permis de s'interroger sur la place qui peut encore être laissée, dans un tel contexte, à la réflexion philosophique proprement dite. Si les

1. Śaṅkara, *Commentaire aux Brahma-sūtra* II, 23. Traduit par O. Lacombe, *L'absolu selon le Vedânta*, Paris, Geuthner, 1966, p. 220.

conclusions, tant pratiques que théoriques, sont posées d'avance et considérées comme définitives, la notion de libre recherche a-t-elle encore un sens ? L'enquête philosophique conçue à la manière occidentale comme expédition vers l'inconnu devient en effet ici chose inconcevable puisqu'il s'agit seulement de retrouver des vérités formulées depuis toujours et, littéralement, vieilles comme le monde. Mais, précisément, ces vérités ont à être retrouvées, c'est-à-dire repensées, comprises dans leur signification vivante au-delà de la gangue des formules stéréotypées. Et c'est ici que la philosophie retrouve au moins une partie de ses prérogatives. Les « Grandes Paroles », en effet, expriment bien des vérités ultimes – en tout cas sont censées le faire – mais sous une forme tellement abrupte et paradoxale qu'elles ne sont pas immédiatement intelligibles. Le *tat tvam asi*, par exemple, identifie sans autre forme de procès le moi de l'auditeur de cette parole au *brahman*. En somme, il paraît mettre sur le même plan, d'un côté une entité psycho-physique concrète finie, particularisée, souffrante, transmigrante, et de l'autre une entité transcendante éternelle, invisible, illimitée, apaisée. Le total manque de congruence entre les termes situés de part et d'autre de la copule semble condamner une telle proposition à demeurer à jamais vide de signification. Montrer qu'il n'en va pas ainsi, qu'entre le contenu des Grandes Paroles, ou celui de la Révélation védique en général, et les données de l'expérience immédiate les contradictions ne sont qu'apparentes constitue alors la tâche propre de la réflexion philosophique.

Schématiquement, cette tâche s'accomplit en parallèle sur deux plans. On procède, d'un côté, à un réexamen de l'expérience commune, avant tout de la perception sensible, et cela aux fins de montrer qu'elle ne nous met jamais d'elle-même en présence d'une multiplicité irréductible [1]. De l'autre, on médite sur la structure interne du sujet pensant, et cela dans l'intention de faire voir que toutes les limitations qui enserrent son champ d'expérience sont d'origine extrinsèque et, dans cette mesure, factices et révocables. Si l'on parvient à saisir, d'une part, que la multiplicité sensible apparente ne constitue pas une objection décisive au principe de l'unité du *brahman* ; d'autre part, que la véritable essence du sujet pensant se situe au-delà ou plutôt en deçà de ses conditionnements physiques, psychiques, sociaux, etc., la voie vient à s'ouvrir qui conduit à un

1. Pour une illustration du fonctionnement concret de cette méthode, voir mon article « Perception et non-dualité dans la *Brahmasiddhi* de Maṇḍana Miśra », *Les Cahiers de Philosophie* 14, 1992, p. 49-63.

rapprochement et finalement à une fusion identificatrice du « Toi » et du « Cela ». A travers la réalisation intuitive de la vérité du *tat tvam asi* (et des propositions du même type comme le « Je suis *brahman* ») s'opère le dépassement définitif de l'ignorance métaphysique et se mettent en place les conditions de la délivrance prochaine. Dans toute cette démarche, le point d'arrivée a certes été indiqué d'avance par la Révélation, comme une sorte de phare vers lequel on se dirige, mais le parcours tout entier a bel et bien été accompli par l'esprit humain réfléchissant sur lui-même et sur les structures de son expérience du monde.

Ce type de démarche comporte un corrélat d'une extrême importance, non seulement pour l'anthropologie religieuse mais aussi pour la pratique philosophique elle-même. Il s'agit de la structure initiatique dans laquelle elle s'insère par une véritable nécessité d'essence. En effet, si les « Grandes Paroles » constituent bien de toute éternité le discours que l'absolu adresse aux hommes il ne s'ensuit pas que ce discours se fasse entendre à tout instant dans la rumeur des eaux, la plainte du vent ou le fracas du tonnerre. Concrètement, la présence de la Parole védique dans la communauté humaine prend la forme d'une chaîne initiatique sans commencement ni fin : la *guru-śiṣya-paraṃparā* ou « succession des maîtres et des disciples ». Aucun homme, si génial qu'on le suppose, ne saurait s'arracher par ses propres forces au sommeil de l'*avidyā*. Aucun ne saurait former le projet de la surmonter, ni même imaginer qu'un tel projet puisse avoir un sens. Mais d'âge en âge les *guru* résident parmi nous, fidèles dépositaires de la Parole védique et, par le rayonnement de leur sagesse, sont les preuves vivantes de son efficacité sotériologique. Viennent à eux ceux qui sont las de peiner en ce monde, qui ont commencé à soupçonner l'insuffisance radicale de tous les moyens empiriques d'écarter la souffrance, qui ont entendu mentionner autour d'eux l'existence de voies de salut et de maîtres capables de les guider sur ces voies. La philosophie indienne, dans la mesure où elle fut et reste vivante, tire avant tout sa substance du libre *dialogue* des maîtres et des disciples à propos des textes sacrés, de leur apparente absurdité face aux données de l'expérience sensible et des manières possibles de les interpréter en vue de la délivrance.

* * *

Le texte présenté ici est de la plume de Śaṅkara (actif vers 750 de notre ère), le plus illustre peut-être des philosophes indiens. Ascète itinérant, réformateur religieux, défenseur intrépide de l'orthodoxie brahmanique contre les « hérésies » bouddhiste et Jaina, Śaṅkara est aussi l'auteur d'une œuvre qui fait de lui le véritable fondateur du Vedânta non-dualiste[1]. La majeure partie de cette œuvre, cependant, est constituée de commentaires : aux dix principales *Upaniṣad*, à la *Bhagavad-Gītā*, aux *Brahma-sūtra*, le texte de base du Vedânta scolastique[2]. Il ne s'agit d'ailleurs pas là d'une particularité de Śaṅkara : la philosophie indienne, dans la mesure où elle ne vise pas l'originalité ou la nouveauté mais cherche seulement à retrouver, à restituer une vérité révélée immémoriale que le passage du temps vient sans cesse obscurcir et déformer, est tout entière tournée vers son passé et ses textes fondateurs.

1. Sur la personnalité de Śaṅkara et son rayonnement proprement religieux on pourra consulter P. Martin-Dubost, *Çankara et le Vedānta*, Coll. « Maîtres spirituels », Paris, Seuil, 1973 (contient une bonne bibliographie des textes de Śaṅkara et de la littérature secondaire).

2. Pour une analyse des principales œuvres de Śaṅkara, voir l'article « Śaṅkara » de l'*Encyclopédie Philosophique*, vol. III, *Les œuvres philosophiques*, t. 2, PUF, 1992, p. 3961-3965. Pour une revue exhaustive de toutes les œuvres attribuables aujourd'hui à Śaṅkara on se reportera à l'*Encyclopaedia of Indian Philosophies*, K.H. Potter (ed.), vol. III, Princeton University Press, 1981, p. 115-345.

Cette circonstance n'a cependant jamais empêché la production d'écrits indépendants qui, tout en demeurant fidèles à l'esprit comme à la lettre des textes révélés et en les citant abondamment, sont construits selon un « ordre des raisons » adapté avant tout à la particularité des problèmes dont ils traitent. Tel est précisément le cas de l'*Upadeśa-sāhasrī* ou « Traité des Mille Enseignements » dont on lira ici une première traduction française partielle[1].

Ce petit traité est l'un de ceux dont l'attribution à Śaṅkara n'a jamais été sérieusement contestée. Il se compose de deux parties, l'une en prose, l'autre en vers, répartis sur 19 chapitres eux-mêmes rangés par ordre de volume croissant. Il semblerait que la partie en prose ait constitué initialement un traité indépendant et que les chapitres versifiés aient été compilés plus tard par des disciples puisant librement dans un réservoir de *śloka* (distiques) composés par Śaṅkara tout au long de sa carrière.

1. Texte sanskrit édité, avec la glose de Rāmatīrtha, par D.V. Gokhale, Bombay, 1917. Autres éditions : S. Jagananda, *Upadeśasāhasrī of Śri Sankaracharya*, Mylapore, Madras, 1949 ; Édition critique par S. Mayeda, *Śaṅkara's Upadeśasāhasrī*, Tokyo, 1973. Traductions : S. Mayeda, *A Thousand Teachings*, Tokyo, 1979 ; A.J. Alston, *The Thousand Teachings of Śaṅkara*, London, Shanti Sadan, 1990.

A l'intérieur de la partie en prose, nous avons sélectionné la section centrale (paragraphes 45 à 108) dans laquelle la discussion gravite plus précisément autour de la question de l'ignorance métaphysique ou de la nescience. De plus, la dimension « socratique » de la relation dialogale maître-disciple y est particulièrement en évidence. Alors que dans d'autres parties de l'œuvre – notamment dans la section initiale de la partie en prose – le disciple paraît souvent enseveli sous une avalanche de citations upanishadiques, il est fait ici un bien moins large usage de l'argument d'autorité. Au contraire, tout au long de ces pages, la pensée du maître prend régulièrement son point de départ dans les questions et objections du disciple – celles-là même, bien souvent, que nous formulerions nous-mêmes spontanément – et progresse en mettant peu à peu en évidence les confusions et contradictions internes qui sont à l'origine de ces diverses objections. Le déroulement de la discussion nous fait ainsi assister au travail de purification mentale qui, au contact du maître s'accomplit chez le disciple et le rend mûr à son tour pour l'accès à la délivrance.

Texte

Śaṅkara : Le Traité des Mille Enseignements *(Extrait)*

(...) Un certain étudiant brahmanique (*brahma-cārin*)[1], las d'errer dans le tourbillon des morts et des renaissances, aborda un jour, très respectueusement, un brahmane qui, établi en *brahman*, était installé à l'aise (*sukhāsin*)[2].

(Le disciple) : Parviendrai-je un jour, ô vénérable, à m'affranchir de l'obligation de renaître toujours et toujours ? Dans l'état de veille, conscient de mon corps, de mes sens et de leurs objets, je fais l'expérience de la douleur et je renouvelle cette expérience dans l'état de rêve, ne goûtant le repos que par intervalles, dans le sommeil profond. Est-ce là ma nature propre (*svabhāva*) ? Ou bien un effet produit accidentellement en moi ?[3]. Si c'est là ma nature propre, tout espoir de délivrance est exclu pour moi puisqu'on ne peut se défaire de ce qu'on est essentiellement. Si, en revanche, il s'agit d'un effet adventice, la délivrance (*mokṣa*) devrait être rendue possible par l'élimination de sa cause. [45]

(Le maître): Ecoute, mon enfant, ce n'est pas là ta nature propre, mais seulement un effet produit en elle. [46]

(Le disciple): Quelle en est la cause ? Qu'est-ce qui éliminera cet effet et quelle est ma véritable nature ? La suppression de la cause entraîne celle de l'effet ; ainsi un malade recouvre-t-il la santé dès lors que la cause de son mal a été écartée. [47]

(Le maître): La cause en est la nescience (*avidyā*) et la « science » (*vidyā*) est le remède. Une fois la nescience éliminée, tu seras libéré de la transmigration (*saṃsāra*) et tu ne ressentiras plus cette souffrance que tu éprouves aujourd'hui dans la veille et dans le rêve. [48]

(Le disciple): Mais qu'est-ce que la nescience ? Et sur quoi donc porte-t-elle ? (*kiṃ-viṣaya*) ?[4] Et quelle est cette science qui devrait me permettre de (re-)trouver ma véritable nature propre ? [49]

(Le maître): La nescience est ce qui te fait éprouver : « Je suis un être transmigrant » (*saṃsārin*), alors que tu es en réalité identique au Soi (*ātman*) suprême, non-transmigrant. Elle est ce qui te fait dire : « Je suis un agent (*kartṛ*), un « patient » (*bhoktṛ*) [5], alors que tu es étranger à l'agir comme au pâtir. Elle est encore ce qui te fait croire à ta propre inexistence (dans le passé et l'avenir), alors que tu existes une fois pour toutes. [50]

(Le disciple) : Même si j'existe, je ne suis pas le Soi suprême mais seulement un être transmigrant, caractérisé par la capacité d'agir et de jouir. Et cette condition n'est pas dûe à la nescience puisque j'en prends conscience par des moyens de connaissance droite (*pramāṇa*) [6] tels que la perception, etc. La nescience, quant à elle, ne saurait avoir le Soi pour objet (*viṣaya*). Elle implique la surimposition (*adhyāropa*) d'un objet (extérieur) sur un autre, comme, par exemple, celle de l'argent, qui est chose bien connue (*prasiddha*), sur la nacre également bien connue, ou de la silhouette familière d'un être humain sur celle, non moins familière, d'un poteau [7]. Mais de l'inconnu ne peut être projeté sur du connu ni du connu sur de l'inconnu. Or le Soi ne fait précisément pas partie de ces choses « bien connues ». [51]

(Le maître) : Non, ceci n'est pas une règle absolue. On constate en effet l'existence de surimpositions opérées sur le Soi. Par exemple, quand quelqu'un déclare : « Je suis de teint clair... de teint sombre », il surimpose des propriétés du corps à ce qui est proprement l'objet de la notion de « Je » (*aham*). Et ce Soi, objet de la notion de « Je », est (réciproquement) surimposé au corps, lorsqu'on dit : « C'est moi » (Litt. « Je suis celui-ci », *ayam aham asmi*)[8]. [52]

(Le disciple) : Mais ce fait, pour le Soi, d'être objet de la notion de « Je » est lui-même chose bien connue et l'existence du corps ne l'est pas moins. Pourquoi donc dites-vous que la règle (gouvernant la surimposition) comporte des exceptions[9] ? [53]

(Le maître) : Ecoute ! Certes, le Soi aussi bien que le corps sont choses familières, mais non pas à la manière dont le sont « l'homme et le poteau ». L'un et l'autre, en effet, font l'objet d'une appréhension indistincte qui tend sans cesse à les confondre, de sorte que les gens sont incapables de discriminer : « Ceci est le corps, ceci est le Soi ». C'est en ce sens que j'ai dit que la règle en question n'a rien d'universel[10]. [54]

(Le disciple) : Mais quand un objet (A) est surimposé à un objet (B), il s'avère en fin de compte que A n'a jamais été présent dans B : l'argent n'a jamais été présent dans la nacre, l'homme dans le poteau, le serpent dans la corde et l'aspect de dôme bleuté dans le firmament. Au cas, donc, où le Soi et le corps seraient surimposés l'un à l'autre, ils seraient l'un et l'autre inexistants [11]. On aboutirait ainsi au point de vue des « nihilistes » (*vaināśika*). Mais si c'est seulement le corps qui est surimposé au Soi (et jamais l'inverse), il sera aussi peu présent dans ce Soi que l'argent dans la nacre. Et cela n'est pas davantage admissible car en contradiction flagrante avec le témoignage des sens. Ne devrons-nous pas dire que le corps et le Soi, loin d'être surimposés l'un à l'autre, se tiennent dans une relation de conjonction mutuelle, semblable à celle des piliers et des poutres (formant l'armature d'une maison)[12]? [55]

(Le maître): Non, car cela entraînerait l'impermanence (du Soi) et sa dépendance par rapport à autre chose. Ce Soi que certains se représentent comme organiquement lié (*saṃhata*) au corps serait par là-même privé d'indépendance[13]. [56]

(Le disciple): Si le Soi n'est pas organiquement lié au corps mais seulement surimposé à lui, on est fondé à le considérer comme réellement absent de ce corps, lequel, de son côté, sera comme « privé de soi » (*nir-ātmaka*)[14]. L'on retombe ainsi dans la position nihiliste! [57]

(Le maître): Non, car le Soi, semblable en cela à l'espace cosmique (*ākāśa*), n'est pas organiquement lié à quoi que ce soit[15]. Mais le corps est, de ce fait, aussi peu « privé de soi » que les objets deviennent inétendus à cause de leur absence de relation réelle avec l'espace [16]. On ne retombe donc en aucune manière dans le nihilisme. [58]

De plus, contrairement à ce que tu soutiens, la réelle absence du corps à l'intérieur du Soi n'est pas en contradiction avec les données de la perception. Car ni elle – ni aucun moyen de connaissance droite – ne nous fait voir le corps « dans le Soi », à la manière dont nous constatons la présence d'un fruit sur un plat, du beurre dans le lait, de l'huile dans les graines de sésame ou d'une fresque sur un mur [17]. [59]

(Le disciple) : Comment donc est-il possible de surimposer le corps à un Soi inaccessible à la perception et aux autres (moyens de connaissance) ? Et comment s'opèrera la surimposition inverse [18] ? [60]

(Le maître) : Il n'y a aucune difficulté à cela car le Soi nous est bien connu de par sa nature propre (*svabhāva-prasiddha*) [19]. Par ailleurs, il n'existe aucune règle prescrivant que la surimposition peut s'exercer seulement sur quelque chose d'accidentellement présent et non sur quelque chose de constamment présent. Ne projetons-nous pas sans cesse les aspects de « voûte » et d'« azuré » sur le pur espace cosmique [20] ? [61]

(Le disciple) : La surimposition réciproque du corps et du Soi est-elle – ô Vénérable – opérée par l'agrégat du corps et des organes ou bien par le Soi[21] ? [62]

(Le maître) : Qu'elle soit opérée par l'un ou par l'autre, que s'ensuivra-t-il (dans chaque cas) ? [63]

(Le disciple) : Si je ne suis que l'agrégat du corps et des organes, je suis un être non-pensant (*a-cetana*) et donc j'existe « pour un autre » (*para-artha*). Dans ce cas, la surimposition du corps et du Soi ne saurait être mon fait. Ou bien je suis pensant, j'existe « pour moi » (*sva-artha*). Dans ce cas, je suis moi-même l'auteur de cette funeste surimposition, germe de tous les maux[22] ! [64]

(Le maître) : Si tu sais pertinemment que cette illusoire surimposition est la racine de tous les maux, abstiens-toi de l'opérer ! [65]

(Le disciple) : Mais je ne peux m'empêcher de l'opérer, ô maître ! J'y suis contraint par une (force) distincte de moi-même. Je ne suis pas libre (*sva-tantra*). [66]

(Le maître) : C'est donc que tu n'es qu'une entité non-pensante qui n'existe pas « pour elle-même ». Cette autre entité qui t'oblige à agir ainsi malgré toi, c'est elle qu'on doit considérer comme pensante et existant « pour elle-même ». Quant à toi, tu n'es qu'un agrégat [23] ! [67]

(Le disciple) : Si je suis un être non-pensant, comment puis-je éprouver le plaisir et la douleur ? Comment puis-je comprendre vos paroles ? [68]

(Le maître) : Es-tu différent de ces sensations de plaisir et de douleur, différent de mes paroles (...) ou bien es-tu identique à tout cela ? [69]

(Le disciple) : Il est sûr, au moins, que je ne me confonds avec aucune de ces choses. Pourquoi ? Parce que je les connais sous forme d'objets (*karma-bhūta*), au même titre que des jarres, etc. Si je n'en étais pas distinct, je ne pourrais pas les connaître ainsi et, dans ce cas, les modifications constituées par ces sensations, ainsi que vos paroles, existeraient « pour elles-mêmes », ce qui est absurde. Le plaisir que procure le parfum du santal aussi bien que la douleur provoquée par une épine ne sont pas là « pour » le santal et l'épine, pas davantage que l'utilisation d'une jarre n'a lieu « pour » la jarre elle-même. C'est pourquoi la signification (*artha*) du santal etc. réside en moi-même qui suis conscient de (la présence) de ces choses. C'est donc dans la mesure même où je me distingue d'eux que je connais les divers objets (*artha*) qui ont accès à mon intellect (*buddhi*) [70]

(Le maître) : Tu es donc bien un être pensant, existant pour lui-même. Aucune force extérieure ne te contraint. Rien de ce qui est pensant, en effet, n'est dépendant d'autre chose ou mû par autre chose. Comprends bien que cet Autre ne saurait être lui-même pensant car, dans ce cas, on ne devrait plus du tout parler de dépendance puisque les deux entités seraient sur le même plan, semblables à deux lampes (dont aucune n'a besoin de l'autre pour être visible). Mais l'Autre ne saurait davantage être non-pensant car cela impliquerait l'existence « pour lui-même » de cet Autre, en raison même de son caractère non-pensant ! Enfin, il est exclu que deux êtres non-pensants – ainsi un fagot et un puits – existent l'un en vue de l'autre [24]. [71]

(Le disciple) : Mais ne peut-on pas dire que le maître et le serviteur existent l'un en vue de l'autre, bien que tous deux soient des êtres pensants [25] ? [72]

(Le maître) : Il n'en va pas ainsi. Quand je parle de pure conscience (*citi*) j'entends par là ce qui t'appartient essentiellement, au sens où luminosité et chaleur appartiennent au feu. De cette manière, tu perçois tout ce qui entre dans le champ de ton intellect à l'aide de ta conscience immuable qui l'illumine comme le ferait la lumière d'un feu.

Lorsque tu auras compris que le Soi demeure ainsi libre de toute particularité, tu ne pourras plus demander : « Est-ce là ma nature propre ou bien est-ce un effet produit… etc. ? » Toutes tes incertitudes sont-elles maintenant dissipées ? [73]

(Le disciple) : Votre grâce a dissipé la confusion de mon esprit. Cependant, je conserve des doutes quant à cette immuabilité (*kūṭasthatva*) qui serait la mienne. En effet, les sons et autres (données des sens) ne sont pas auto-établis, en raison même de leur caractère non-pensant. Ils sont manifestés à travers des représentations qui revêtent précisément cette forme. Mais, à leur tour, ces représentations dont les formes sont exclusives les unes des autres, comme le bleu, le jaune, etc., ne sont pas non plus auto-établies. On en concluera qu'elles ont pour causes des objets extérieurs de même structure. Par ailleurs, ces formes mentales se présentent d'une part comme des modalités d'une réalité essentielle qui est le fondement même de la représentation « Je » (*ahaṃ-pratyaya*) mais d'autre part, de par leur caractère composé, elles ne peuvent en elles-mêmes être douées de conscience. Etant donné, donc, qu'elles ne sauraient exister par et pour elles-mêmes, elles ont besoin, exactement comme les sons, etc.[26], d'être appréhendées par un « appréhendant » (*upa-labdhṛ*) essentiellement distinct d'elles. Or, s'il est vrai que le Soi existe par lui-même, n'étant pas chose composée à cause de son caractère essentiellement pensant, ne sera-t-il pas cependant à sujet à modifications en tant que saisisseur de ces diverses représentations de bleu, de jaune, etc., lesquelles toutes sont (en dernière analyse) des modalités de la représentation : « Je » ? C'est de là que viennent mes doutes[27]. [74]

(Le maître) : Ces doutes n'ont pas lieu d'être. L'absolue permanence du Soi est en effet établie dc par son caractère d'immuabilité, lequel dérive du fait qu'il, est nécessairement le saisisseur de toutes les représentations mentales. Et toi, tu invoques comme motif de tes doutes ce qui constitue précisément le fondement de la certitude, à savoir cette saisie (par le Soi) de toutes les démarches de l'organe mental (*citta*) ! Si, en effet, tu étais chose muable, tu ne pourrais appréhender ainsi la totalité des démarches de l'organe mental avec leurs objets respectifs. L'organe mental, à vrai dire, s'identifie avec son objet (du moment), et de même les sens. Mais, pour toi-même, ce n'est pas d'une telle saisie partielle qu'il s'agit. Tu es donc bien absolument immuable[28]. [75]

(Le disciple) : Le sens de la racine verbale (*LABH*) d'où procède le terme « appréhension » (*upa-labdhi*) inclut bien l'idée d'une certaine modification (*vikriyā*). Or cela est en contradiction avec l'idée d'un appréhendant immuable ! [76]

(Le maître) : En aucune manière ! La racine verbale ne désigne ici une modification que figurativement. C'est à la représentation mentale (*bauddha*) que fait directement référence l'idée de modification. Cette notion est ensuite secondairement appliquée au Soi dans la mesure où (sa présence) aboutit à produire (dans l'intellect) un reflet de l'appréhension originelle. De la même manière, l'action de scier en deux est figurativement attribuée aux deux tronçons résultant de cette opération[29]. [77]

(Le disciple) : Mais, ô Vénérable, cet exemple ne me paraît guère probant ! Il ne permet pas de justifier le caractère prétendûment immuable de mon être. Le terme « scier » qui désigne au premier chef une action est appliqué en un sens secondaire à l'objet scié résultant de cette action. Et de même, le terme « appréhension » sera utilisé en un sens secondaire pour désigner la représentation mentale produite par cette modification (du Soi) qu'est l'appréhension proprement dite. C'est pourquoi une telle comparaison me paraît impropre à établir l'immuabilité du Soi[30]. [78]

(Le maître) : Tu aurais raison si l'appréhension et le sujet appréhendant étaient réellement distincts. Mais, en fait, l'essence de l'appréhendant se ramène à une perpétuelle appréhension (*nitya-upalabdhi-mātra*) [31]. Seuls les logiciens croient que l'appréhension est une chose et l'appréhendant une autre. [79]

(Le disciple) : Mais alors comment la notion d'appréhension peut-elle jamais en venir à désigner une action ? [80]

(Le maître) : J'ai seulement dit qu'elle en venait à désigner le reflet (changeant) de l'appréhension (immuable). Je n'ai jamais dit qu'elle en venait à désigner une modification réelle survenant dans le Soi[32]. [81]

(Le disciple) : Mais alors pourquoi avez-vous soutenu la présence en moi-même – entité immuable – d'une « fonction d'appréhendant » (*upalabdhṛ-tva*) de toutes les démarches de l'organe mental, accompagnées de leurs objets respectifs ? [82]

(Le maître) : Oui, en vérité, j'ai dit cela. C'est précisément en fonction de cela que j'ai parlé de ton immuabilité (essentielle). [83]

(Le disciple) : Mais s'il en va ainsi, ô Vénérable, en quoi suis-je responsable, moi qui ai pour essence une aperception (*avagati*) absolument immuable, du surgissement en moi de représentations mentales ayant la forme de sonorités et autres (impressions sensibles) et consécutives à une réflexion de cette aperception dont je suis fait? [84]

(Le maître): C'est vrai; il n'y a là aucun manquement de ma part. Comme je l'ai déjà dit, seule la nescience est ici à incriminer[33]. [85]

(Le disciple): Mais si, ô Vénérable, je suis (toujours) exempt de modifications, comme c'est le cas dans le sommeil profond, comment rendre compte des états de veille et de rêve? [86]

(Le maître): Ces états sont-ils constamment éprouvés par toi? [87]

(Le disciple): Il est certain que je les éprouve, mais de manière discontinue et non pas constamment. [88]

(Le maître): C'est donc qu'ils sont adventices (*āgantuka*) et ne relèvent pas de ta nature essentielle. Si c'était le cas, ils seraient éprouvés par chacun en permanence, comme cela se produit pour le pur principe de conscience (*caitanya*) qui, lui, constitue notre essence. Si maintenant notre nature essentielle venait à nous faire défaut de temps en temps, par exemple dans le sommeil profond, nous devrions la renier (en tant que telle) en affirmant ou bien qu'elle a été détruite ou bien qu'elle n'a jamais existé. C'est ainsi que nous réagissons à la destruction de vêtements et autres choses adventices extérieures à notre nature propre, ou encore c'est ainsi que nous constatons au réveil l'inexistence de biens ou d'honneurs acquis en rêve[34]. [89]

(Le disciple): Mais il suit de tout cela, ô Vénérable, que le pur principe de conscience lui-même sera adventice[35] car, dans le rêve et la veille, il ne nous est pas davantage présent (que les perceptions extérieures dans le sommeil profond)! [90]

(Le maître): Non! Efforce-toi de comprendre par toi-même pourquoi il ne saurait en aller ainsi[36]. Si tu considères que notre essence consciente est chose adventice, libre à toi de penser ainsi, mais nous-mêmes pourrions bien nous y efforcer pendant mille ans, nous ne parviendrions jamais à justifier rationnellement cette proposition. Toujours, en effet, nous nous heurterions à cette conséquence inéluctable qu'une telle conscience adventice devrait nécessairement être composée, disposée en vue d'autre chose qu'elle-même, dépourvue d'unité et vouée à périr. [91]

(Le disciple): Mais j'ai justement attiré l'attention sur le caractère défectif (*vyabhicāra*) du principe de conscience en rappelant que dans le sommeil profond il n'est présent en aucune manière ! [92]

(Le maître) : Tu as tort car ce que tu viens de dire repose sur une contradiction. Pourquoi cela ? Parce que tu prétends ne pas voir au moment même où tu vois !

(Le disciple) : Mais, ô Vénérable, dans le sommeil profond, je ne perçois absolument rien, ni le principe de conscience ni quoi que ce soit d'autre !

(Le maître) : C'est donc bien en sujet percevant que tu te comportes dans le sommeil profond lui-même ; et ce que tu nies à présent c'est seulement l'objet perceptible (*dṛṣṭa*), non la perception (*dṛṣṭi*) elle-même. Ce pouvoir de perception qui, dans le sommeil profond, te permet de constater : « Il n'y a rien à voir ici » ne fait qu'un avec ta propre essence consciente [37]. Et cette essence consciente n'a pas besoin d'être établie à l'aide des moyens de connaissance droite : elle s'impose d'elle-même en toutes circonstances puisqu'elle ne nous fait jamais défaut. Le sujet connaissant (*pramātṛ*) n'a besoin de recourir à ces moyens que pour discriminer un objet connaissable (*prameya*) extérieur à lui-même [38]. Il en va ici comme du fer ou de l'eau qui ont besoin d'être chauffés et éclairés par le soleil ou par un feu, tandis que le soleil et le feu sont brûlants et brillants de par leur essence même. [93]

(Le disciple) : Il n'y a de connaissance droite (*pramā*) possible que si (la conscience) est chose capable de se modifier, et non pas immuable ! [94]

(Le maître) : Il ne peut y avoir de différence à l'intérieur de la pure aperception selon qu'elle serait constante ou non[39]. Si, en effet, l'aperception joue le rôle de connaissance droite nous n'avons aucune raison d'opérer une distinction du genre : « Une aperception changeante est moyen de connaissance droite ; une aperception constante ne l'est pas ». [95]

(Le disciple) : Mais l'aperception, si elle est constante, ne requiert aucun sujet connaissant, alors que si elle est changeante elle en requiert un car elle dépendra de son effort (pour connaître) ; telle est la différence. [96]

(Le maître) : Il est donc certain que le sujet connaissant, le Soi, est établi par lui-même puisqu'il n'est dépendant d'aucun moyen de connaissance droite[40]. [97]

(Le disciple) : Même si la connaissance (empirique) n'existait pas, le sujet connaissant serait, de par le caractère permanent de cette absence, pareillement indépendant de tout moyen de connaissance[41]. [98]

(Le maître) : Non ! Il suffit, pour réfuter cela, de rappeler que l'aperception n'existe que dans le Soi. Si l'établissement du sujet connaissant dépendait des moyens de connaissance droite, à qui appartiendrait donc le désir de connaître (*pramitsā*) ? Il convient d'admettre que le sujet connaissant est l'entité même à qui appartient le désir de connaître [42]. Et ce désir est dirigé vers l'objet connaissable, non vers le sujet connaissant. S'il était dirigé vers le sujet, une régression à l'infini (*anavasthā*) s'en suivrait, relative tant au sujet qu'à son désir de connaître. Il faudrait poser un connaissant de ce connaissant et un (troisième) connaissant pour le second, etc. Il en irait pareillement pour le désir de connaître [43]. De plus, le sujet connaissant ne peut pas constituer un objet de connaissance pour lui-même car il n'est absolument pas séparé de lui-même. C'est en effet une règle générale en ce monde qu'un objet de connaissance n'est possible (comme tel) que s'il est (d'abord) séparé du sujet connaissant et (ensuite) relié à lui par la médiation du désir, du souvenir, de l'effort et des moyens de connaissance droite [44]. Mais aucun sujet connaissant ne se laisse imaginer à la fois séparé de lui-même et relié à lui-même par son propre désir, etc. Le souvenir porte sur l'objet que l'on cherche à se remémorer, non sur le « rémémorant » lui-même, et pareillement le désir porte sur la chose désirée, non sur le sujet désirant. Et si désir et souvenir pouvaient porter sur le sujet lui-même, une régression à l'infini deviendrait, comme dans le cas précédent, inévitable [45]. [99]

(Le disciple): Mais si la connaissance ne peut prendre le sujet connaissant lui-même pour objet, celui-ci demeurera inconnu ! [100]

(Le maître): Non ! La connaissance mise en oeuvre par le sujet connaissant ne porte que sur l'objet à connaître. Si elle devait porter sur le sujet connaissant, on retomberait dans la même régression à l'infini qu'auparavant. Et, dans le Soi, l'aperception, en sa qualité de lumière éternelle et immuable, est établie par elle-même, sans l'aide d'aucun autre (principe). Nous avons déjà dit qu'elle était semblable en cela à la chaleur et à la lumière du feu ou du soleil. Et nous avons déjà expliqué pourquoi, dans le cas où l'aperception autolumineuse ne demeurerait pas identique à elle-même dans le Soi, celui-ci n'existerait pas pour lui-même, serait chose composite, à la manière du complexe formé par le corps et les organes, et serait porteur de défauts. En quel sens ? En ce sens qu'il comporterait comme des espaces internes vides impliquant l'intervention de fonctions du type de la mémoire, etc. De plus, cette conscience serait inexistante avant sa production comme après sa destruction. Et là où elle ne serait pas présente dans le Soi, celui-ci ne saurait exister pour lui-même. C'est cette présence ou absence de la conscience, en effet, qui permet de décider si une entité quelconque existe pour elle-même ou pour une autre. [101]

(Le disciple) : Mais, s'il en va ainsi, le Soi ne sera pas le siège de la connaissance droite empirique (*pramā*) ; comment alors parler encore de lui comme d'un sujet connaissant (*pramātṛ*) ? [102]

(Le maître) : Que la connaissance droite empirique soit permanente ou non ne change rien à sa nature. Qu'elle surgisse (médiatement) grâce à la mémoire, au désir (de connaître), etc. et soit ainsi impermanente, ou qu'elle soit au contraire éternelle ne fait ici aucune différence. La racine verbale STHĀ garde le même sens, qu'elle désigne une « station » momentanée et précédée de mouvement ou une « station » permanente. C'est pourquoi on l'applique aussi bien à des hommes dont on dit qu'ils se tiennent (pour le moment) debout qu'à une montagne qui se dresse (perpétuellement) devant nous. Il n'y a donc aucune contradiction à parler de la qualité de « sujet connaissant » du Soi, bien qu'il ait la nature d'une immuable aperception[46]. [103]

(Le disciple): Si le Soi a pour nature une éternelle et constante aperception, il doit être exempt de toute espèce de modification. Mais, dans ce cas, il ne peut entrer en relation avec le monde de l'action et ses instruments sans être (d'abord) uni à un corps et à des organes, au sens où le charpentier est en relation (constante) avec son corps et, à travers lui, en relation (occasionnelle) avec ses outils. Si l'on supposait (malgré tout) qu'une entité par nature non-composée se sert effectivement d'instruments, il s'ensuivrait une régression à l'infini. En revanche, le charpentier et les autres (artisans) sont constamment capables, grâce à leur corps, d'entrer en relation avec leurs instruments, de sorte qu'aucune régression à l'infini n'est à craindre dans leur cas. [104]

(Le maître): Mais ici le fait d'exercer la fonction d'un agent exigerait (du Soi) qui, par nature, n'est lié à aucun (corps) qu'il assume certains organes ou instruments (*karaṇa*). Mais cela même constituerait une activité pour laquelle des instruments seraient requis, etc., de sorte que, s'agissant d'un sujet connaissant (supposé) indépendant, la régression à l'infini est inévitable. Et on ne peut soutenir que c'est l'action elle-même qui fera agir le Soi car une action n'est rien tant qu'elle n'a pas été accomplie. Peut-être dira-t-on qu'une réalité autre que le Soi peut exercer une influence sur lui et l'inciter à agir ? Mais il n'en est rien car une entité autre que le Soi et (également) auto-établie et étrangère au statut d'objet est chose impossible. On constate en effet que les réalités autres que le Soi sont privées de pensée et ne sont pas auto-établies. En effet, l'ensemble (des choses sensibles), à commencer par les sons, n'est établi qu'à travers une perception débouchant sur une appréhension consciente. Et si cette appréhension était le fait d'une entité distincte du Soi, cette entité serait identiquement non-composée et elle existerait « pour elle-même », non pour une autre. Et nous ne pouvons pas considérer que le corps, les sens et leurs objets existent pour eux-mêmes puisqu'on constate qu'ils sont établis à partir de l'appréhension consciente en laquelle culmine toute perception. [105]

(Le disciple) : En tout cas, pour ce qui est de la conscience du corps (propre), personne n'est tributaire de notions fournies par la perception et les autres (moyens de connaissance). [106]

(Le maître) : Cela est vrai pour l'état de veille. Mais, dans les états de mort et de sommeil profond, le corps dépend bel et bien, pour être connu, de la perception et des autres (moyens). Et il en va de même des sens. En fait, ce sont les éléments extérieurs, sons etc. qui, par une certaine transformation, deviennent eux-mêmes les corps et les sens. A ce titre, ils sont tributaires de la perception etc. pour être établis. Or nous avons identifié cet « établissement » à l'appréhension consciente résultant de (l'application) des moyens de connaissance. Et celle-ci est par essence immuable, auto-établie et auto-lumineuse (*svayaṃ-jyotir*). [107]

(Le disciple) : Il est contradictoire de poser l'appréhension à la fois comme fruit de l'emploi des moyens de connaissance droite et comme immuable et auto-lumineuse !

(Le maître) : Pas du tout ! Pourquoi ? Parce que, tout immuable qu'elle soit, elle vient couronner des processus cognitifs, perception etc., qui convergent vers elle. Et ceux-ci étant changeants, elle paraît à son tour changeante. C'est en ce sens qu'elle est désignée métaphoriquement comme le résultat (de l'usage) des moyens de connaissance droite. [108]

Notes et remarques :

1. Selon la conception brahmanique orthodoxe, celle des traités de *dharma* comme les *Lois de Manou*, la vie humaine adulte se divise en quatre phases principales dont chacune est définie par des devoirs religieux spécifiques. L'« étudiant brahmanique » représente le premier de ces stades de vie, celui où l'adolescent fait son éducation auprès d'un maître et reçoit de lui sa première initiation au Veda. Normalement, ce stade est suivi du mariage et de l'état de « maître de maison », puis viennent les états d'ermite forestier et de renonçant à part entière ou *saṅnyāsin*, mais dans certains cas il est possible de devenir « renonçant » directement au sortir de l'état d'étudiant brahmanique. Étant donnée sa motivation, clairement affichée, de chercheur de délivrance, c'est probablement le choix qu'est destiné à faire le personnage mis en scène ici.

2. Le texte comporte ici un jeu de mots : le maître est installé dans une position confortable, à la fois au sens littéral et au sens spirituel. Être « établi en *brahman* » signifie avoir compris la signification du *tat tvam asi* et être devenu capable de maintenir ce type de conscience face aux mirages et aux sollicitations de l'expérience sensible. Par là est indiquée la qualification du maître en tant qu'instructeur spirituel.

3. Le sens de la question est celui-ci : suis-je un être « du monde », c'est-à-dire n'ayant de réalité que plongé dans le monde, en débat constant avec lui par l'intermédiaire des sens et des organes d'action, ou bien est-ce là seulement une condition particulière dans laquelle je serais actuellement comme exilé? La forme même revêtue par la question (« nature propre » ou « effet adventice ») va contribuer à orienter la discussion plus directement vers le thème de l'origine de la discrépance entre droit et fait dans l'expérience humaine. L'allusion au sommeil profond renvoie à toute une tradition védântique et upanishadique où cet état, loin de passer pour une forme d'inconscience, est exalté comme ce qui, dans l'expérience humaine commune, possède la plus grande ressemblance avec l'état d'immersion dans la félicité du *brahman*.

4. L'ignorance métaphysique ou nescience est à la fois absence de connaissance authentique et pseudo-connaissance remplaçant et masquant cette absence. Il est donc naturel de poser la question de son contenu. Le Vedânta classique associera régulièrement la question du contenu ou de l'« objet » (*viṣaya*) de la nescience à celle de son « support » (*āśraya*), cela à travers des formules du type : « Qui ignore quoi? ». La question peut paraître superflue mais on doit dès maintenant attirer l'attention sur le point suivant : l'individu limité, souffrant, « ignorant » est lui-même déjà un effet, un résultat de cette nescience dont il est affecté. Il ne peut donc pas s'agir d'un simple phénomène psychologique ou

idéologique de «fausse conscience». La nescience, quoique d'abord décelable en nous, renvoie à des conditions de possibilité en quelque sorte antérieures à la réalité humaine.

5. D'ordinaire, la notion de sujet est circonscrite en sanskrit à travers trois termes qui sont tous des noms d'agent (en *-tṛ*). Le troisième terme : *jñātṛ* ou « sujet connaissant » n'est pas mentionné ici à cause, sans doute, d'une certaine ambiguïté qui s'attache à lui dans ce contexte. D'un côté, la connaissance en général inclut la connaissance libératrice comme l'une de ses espèces. De l'autre, le sujet connaissant, notamment le sujet de la perception, apparaît comme solidaire de l'agent et du « patient » dans le cadre de la symétrie entre réceptivité et activité qui caractérise l'expérience mondaine ordinaire.

6. La discussion va maintenant porter sur l'essence et le mode opératoire de la nescience. Le refus frontal par le disciple de la suggestion du maître (« Tu es identique au Soi suprême... ») trahit, certes, par son dogmatisme, l'emprise de la nescience sur lui mais tire en même temps sa force persuasive du fait qu'il paraît traduire les données les plus immédiates de la perception. Celle-ci, dans le cadre épistémologique de l'Inde classique, constitue la première et la plus fondamentale des « sources de connaissance droite » ou *pramāṇa*, les autres étant l'inférence et le « témoignage des gens dignes de foi ».

7. Plus que sur l'erreur proprement dite, les philosophies indiennes ont beaucoup réfléchi sur l'illusion sensible, c'est-à-dire sur une forme d'erreur « instantanée » et intervenant au niveau même de la sensation. Elles sont donc moins portées que le rationalisme classique occidental à privilégier dans l'erreur le rôle du jugement. A la place, elles attribuent un rôle important au mécanisme de la surimposition dont le modèle sensible, « optique », est celui d'une confusion des plans, ou d'une projection opérée inconsciemment d'un plan sur un autre. Ainsi voyons-nous gris le ciel bleu si nous le regardons à travers des vitres grisâtres dont nous ne remarquons pas la poussière qui les recouvre. Il est également possible de projeter une image, un souvenir, sur la chose même que nous avons devant les yeux : ainsi le « serpent » sur la corde enroulée dans la pénombre, l'« argent » sur le morceau de coquillage qui brille à nos pieds sur la plage, l'« homme » sur le poteau aperçu dans le lointain, etc. Dans tous ces cas, cependant, c'est du déjà connu qui se trouve projeté sur du déjà connu. Or, pour le disciple, le Soi ne représente tout d'abord qu'une notion abstraite, une sorte de philosophème sans rapport avec le contenu de son expérience. D'où son refus initial d'admettre que la nescience est fondamentalement méconnaissance de soi.

8. Ces lignes sont comme un écho de la théorie générale de la surimposition brillamment développée par Śaṅkara dans l'introduction de son oeuvre majeure, le commentaire aux *Brahma-sūtra*, Voir

L. Renou (Trad.), *Prolégomènes au Vedānta*, réimpr. Paris, A. Maisonneuve, 1983, p. 1-5. Il importe de voir que la réflexion se situe tout d'abord au niveau d'une analyse de la pratique langagière courante : il y a surimposition des propriétés du corps, ou du psychisme, sur le Soi dans tout jugement d'attribution exprimé à la première personne et référé à cette personne même et, inversement, il y a surimposition du Soi sur des déterminations physiques, sociales, etc. chaque fois que nous acceptons de mettre notre nom sous un « signalement » effectué en troisième personne. La présence de ces faits de langage dément d'avance le principe, invoqué par le disciple, selon lequel la nescience ne saurait en aucun cas porter sur le Soi.

9. Le disciple paraît faire preuve ici d'une certaine inconséquence en ce qu'il donne l'impression d'avoir tout à coup oublié qu'il niait lui-même plus haut le caractère de chose « bien connue » du Soi. Mais cette contradiction est sans doute un artifice de présentation voulu par l'auteur: le disciple n'établit en fait aucun lien entre un Soi métaphysique transcendant et (pour lui) inconnaissable, dont il a simplement entendu parler, et le soi-même familier auquel renvoie l'usage quotidien du pronom personnel de la première personne. Cette incapacité à mettre en relation ces deux niveaux du Soi est elle-même un symptôme de la nescience qui l'affecte encore.

10. Quelque chose de « bien connu » (*prasiddha*) n'est pas nécessairement par là *siddha*, c'est-

à-dire connu, démontré ou établi dans sa vérité. Cette distinction terminologique se laisserait comparer à celle qu'établit Hegel en Allemand entre *bekannt* et *erkannt*. Il importe, en tout cas, de bien voir que le Soi et le corps ne font pas l'objet d'une surimposition réciproque *parce que* connus indistinctement mais, au contraire, cette indistinction est déjà en elle-même un signe et un effet de l'opération de la nescience. Dans l'introduction de son Commentaire à la *Bṛhadāraṇyaka-Upaniṣad* Śaṅkara oppose la multiplicité et l'incompatibilité des opinions philosophiques sur la nature du Soi à l'accord qui s'établit entre un nombre quelconque de sujets qui ont devant eux, en pleine lumière, un même objet (voir la traduction de Svāmi Mādhavānanda, Advaita Ashram, Calcutta, 1985, p. 2).

11. En insistant désormais sur le caractère *réciproque* de la surimposition, le disciple attire l'attention sur une difficulté, au moins apparente, de cette théorie. Dans bien des cas, en effet, le terme *adhyāropa* (ou son synonyme *adhyāsa*) pourrait aussi bien se traduire par « projection sur », ce qui semble impliquer la reconnaissance d'un support stable, formant écran, et d'un élément irréel projeté sur lui. En revanche, l'admission du caractère réciproque de la surimposition paraît impliquer ici que le Soi serait tout aussi irréel et insubstantiel que tel ou tel élément imaginaire projeté sur lui. On déboucherait ainsi, en apparence, sur une position proche de celle des bouddhistes (désignés ici par le terme « nihilistes »). On remarquera à ce propos que

le disciple devrait en toute rigueur s'en tenir au dilemme suivant : Ou bien l'absence de A (le Soi) dans B (le corps) entraîne l'impersonnalité du corps, ou bien l'absence de B dans A entraîne l'incorporéité du Soi. C'est d'ailleurs à ce point de vue qu'il se ralliera lui-même plus loin.

12. La proposition positive avancée par le disciple pourrait être comprise de diverses manières; Elle pourrait recevoir un sens bouddhiste (le moi comme dénomination conventionnelle d'un assemblage d'éléments en interdépendance fonctionnelle, à la manière dont le « char » n'est qu'une désignation commode de l'ensemble roues-plancher-timon etc.). Mais elle se laisserait aussi bien interpréter dans un sens réaliste-fonctionnaliste à la manière de l'école brahmanique du Nyāya-Vaiśeṣika. Cependant il est difficile de décider si l'auteur a ici en vue les positions d'une école déterminée ou si l'argument est de portée purement dialectique.

13. Le maître fait certes ici allusion à la contradiction entre une telle hypothèse et le contenu avéré de la Révélation upanishadique mais le terme « impermanence » (*a-nityatva*) est sans doute à prendre au sens plus particulier de muabilité. En d'autres termes, la conséquence fâcheuse que le maître désire avant tout écarter serait celle du retentissement direct dans le Soi des accidents et vicissitudes qui affectent le corps. Une certaine ambiguïté est décelable dans ce passage. Le terme *saṃhata* (litt. « soudé ») pourrait servir à désigner une union indissoluble en un tout concret (le vivant indivi-

duel) dont le Soi et le corps ne seraient que les composants, concevables certes abstraitement mais incapables de subsister séparément. Mais l'exemple de la hutte suggère, au contraire, que l'un et l'autre pourraient en principe exister séparément.

14. Le disciple formule ici – très correctement cette fois – les conséquences, pour le corps et pour le Soi, d'une application rigoureuse du schème de la surimposition (alors qu'au paragraphe 55 il était passé « trop vite » au point de vue nihiliste). En même temps commence à apparaître la raison profonde de la confusion dont il est victime : le disciple ne voit pas clairement la différence qui sépare le point de vue « nihiliste » (ou bouddhiste) de la position propre au non-dualisme védântique.

15. La conclusion tirée par le disciple paraissait correcte, en fonction même des prémisses jusqu'ici admises par l'un et l'autre. Pourquoi donc le maître la refuse-t-il ? En fait une distinction est faite implicitement entre deux interprétations possibles de l'expression « privé de soi » (*nir-ātmaka*) et l'exemple de l'espace cosmique ou *ākāśa* va permettre de les distinguer. Dans le Védânta, l'espace est souvent présenté comme un symbole particulièrement adéquat du Soi, tandis que la méditation sur lui et ses propriétés fondamentales (infinitude, pureté, homogénéité, indivisibilité, indestructibilité, etc.) est réputée constituer une voie d'accès privilégiée à la compréhension intuitive de l'essence du Soi. A en croire les commentaires traditionnels du *Traité des Mille Enseignements*, le

raisonnemnt sous-jacent serait approximativement celui-ci : l'espace accueille les choses étendues, leur « fait place » et les inclut mais nullement au sens où l'on peut dire que telle chose est contenue « dans » une autre, par exemple un objet plongé dans un liquide. Or l'espace n'est pas refoulé par ce qui est plongé en lui. N'étant pas lui-même chose étendue, il n'entre pas en concurrence pour la « place » avec les choses étendues proprement dites mais coexiste avec elles sur le mode d'une parfaite et universelle coïncidence. De même, le fait que le corps soit « privé de soi » implique qu'il n'est pas capable de dire « Je », qu'il n'est pas « quelqu'un ». Il n'entretient donc pas davantage de relation avec le Soi que l'espace avec les objets plongés en lui, et cela faute d'une frontière commune. Mais en même temps, de même que les objets sont malgré tout dans l'espace – non certes au sens de la relation contenant-contenu mais au sens de la relation entre possibilisé et possibilisant – de même le corps (et à travers lui le monde d'objets auquel il nous donne immédiatement accès) réside « dans » le Soi et donc se trouve « pourvu de soi » car il ne peut apparaître et se maintenir comme organisme vivant, foyer d'un comportement cohérent ou « intelligent », que dans le champ de manifestation déployé par le Soi.

16. Insistons sur le fait que, selon l'analyse védântique, le Soi n'est pas posé comme existant « à côté » du corps et concuremment à lui. Il n'existe donc entre l'un et l'autre, entre ce qui relève du « physique » et ce qui relève de

l'« esprit », aucun problème véritable de délimitation de frontières. Du point de vue extérieur tourné vers le monde, en somme du point de vue de la nescience, toutes choses, y compris les fonctions mentales les plus élevées, relèvent du corps. Du point de vue ultime, rien n'en relève car le champ entier du visible et du concevable est déployé par le Soi et dans le Soi.

17. Dans son commentaire à la *Katha-Upaniṣad* II, 2,11 Śaṅkara développe longuement ce thème selon lequel le Soi n'est qu'« illusoirement reflété » dans le corps et jamais, à proprement parler, « contenu » en lui. Cf. la traduction de S.R. Gupta *in The Word Speaks to the Faustian Man*, Motilal Banarsidass, Delhi, 1991, p. 328.

18. Cette nouvelle objection du disciple reprend celle déjà présentée au paragraphe 51 et en précise les termes : étant donné les origines « optiques » du schème de la surimposition, il ne paraît pouvoir fonctionner qu'entre des termes qui, chacun de son côté, sont déjà des objets possibles de la vision et de la perception sensible en général.

19. C'est un principe fondamental du Védânta non-dualiste que de considérer le Soi comme présent en droit avant toute intervention des « moyens de connaissance droite », perception, inférence, etc. et comme la condition de possibilité même de leur déploiement. Dans son Commentaire aux *Brahmasūtra* I, 1, 1 Śaṅkara déclare : « L'existence du *brahman* est assurée par le fait qu'il est le Soi de toute chose. Chacun en effet a conscience de

l'existence du Soi et nul ne pense « Je ne suis pas ». Si l'existence du Soi n'était pas assurée, chaque individu aurait conscience qu'il n'est pas. Or le Soi, c'est le *brahman* ». Il y a donc bien quelque chose comme un Cogito védântique. En conséquence de quoi, la doctrine n'admet pas la possibilité d'une quelconque perception *du* Soi, dans laquelle celui-ci jouerait le rôle d'un objet, donc refuse également la notion d'auto-perception ou d'introspection. Il s'en suit des polémiques constantes avec d'autres écoles de pensée brahmaniques qui, elles, admettent que le Soi puisse être un objet de connaissance, soit de perception intérieure (pour la Mīmāṃsā), soit d'inférence (pour le Nyāya-Vaiśeṣika). A la place le Védânta reconnaît une aperception originelle (*dṛśī*) dans laquelle, en dehors de toute structure réflexive, le Soi est immédiatement donné à lui-même et présent au monde par la même occasion. Par là-même, le Soi apparaît comme le lieu propre de toute surimposition puisqu'il constitue la toile de fond unique, par définition toujours présente, de toute manifestation phénoménale particulière, l'Horizon ultime de tous les horizons limités de représentation. Cette omniprésence et cette immuabilité en chaque instant désignent ainsi le Soi comme éminemment *vulnérable* au côté illusoire de la surimposition. La constance de son mode de présence et le fait que, dans les conditions de l'expérience ordinaire, il n'apparaisse jamais « seul », son infinie « banalité », en quelque sorte, le vouent à être sans cesse perdu de vue, négligé, oublié. Cette dégradation de la notion de Soi ou de *brahman* – visible, par exemple, dans l'abaissement du verbe être au rang de simple copule dans le jugement d'attribution – représente l'une des conséquences majeures du règne de l'ignorance métaphysique.

20. La comparaison avec l'*ākāśa* est introduite ici dans une intention légèrement différente de celle présidant aux développements du paragraphe 58. Ici, c'est la propriété de l'espace d'être « toujours déjà là » – par opposition au régime de présence/ absence ou d'apparition/ disparition régissant les *phénomènes* spatiaux – qui se trouve particulièrement prise en compte. Cette omniprésence de droit de l'espace fonctionne à son tour comme image ou schème sensible d'un « être-toujours-déjà-là » encore plus fondamental, celui par lequel le Soi transcende n'importe quel état psychologique contingent et momentané, du genre de ceux que révèle une perception interne particulière.

21. A partir d'ici la discussion s'engage dans une direction nouvelle, à savoir celle de la question : « Qui surimpose ? Qui est le véritable auteur de la surimposition ? ». Mais ceci revient à se demander quel est le véritable porteur de la nescience.

22. Le disciple s'enferme à nouveau ici dans un dilemme en apparence insoluble. Cependant, pour comprendre les conditions dans lesquelles un tel dilemme peut surgir, il est nécessaire de bien voir que les deux interlocuteurs s'entendent tacitement pour établir un lien entre, d'une part, les termes

« non-pensant » et « existant pour un autre » et, d'autre part, les termes « pensant » et « existant pour soi ». D'un côté, être conscient ou pensant signifie se poser comme un sujet, au sens d'un foyer d'intérêts et d'intentionnalités, d'un donateur de sens, aussi bien dans l'ordre intellectuel que dans l'ordre affectif. Inversement, être non-pensant équivaut à s'avérer incapable de cet acte d'auto-constitution en centre de référence absolu. Cela revient donc à endosser le statut d'un simple terme de référence, d'un objet passif de jugements d'appréciation portés de l'extérieur. En termes éthiques, cela équivaut à ne pouvoir assumer le rôle de fin mais seulement celui de moyen. D'où le dilemme auquel est confronté le disciple. L'objet, au fond, n'est jamais vraiment *un*. Il ne possède qu'une unité relative qui se fait et se défait au gré des intentions théoriques et pratiques mouvantes de sujets sans cesse en train de restructurer leur champ d'action, de modifier leur « découpage » du réel. Or, s'il est fondamentalement « agrégat », l'objet ne peut être l'auteur véritable, la source ultime d'aucun comportement, mais seulement son point d'application ou son moyen de réalisation. Donc, le corps-objet ne peut pas de lui-même « surimposer ». Mais, inversement, comment comprendre que le Soi absolu des *Upaniṣad*, tout-puissant, tout-connaissant, en possession d'une béatitude infinie, « choisisse » ainsi de se prendre pour ce qu'il n'est pas, de se limiter et de s'obscurcir gratuitement ?

23. C'est un thème capital dans le *Traité*, et dans la pensée védântique en général, qui apparaît ici : la dimension «pratique», individuelle, existentielle de l'ignorance métaphysique. Vue de l'extérieur, comme rapport théorique abstrait entre un sujet X et un objet Y, la nescience (ou la surimposition) demeurera à jamais chose énigmatique et ne recevra pas de statut intelligible satisfaisant. Mais une autre voie, plus pragmatique et plus positive dans son esprit, reste possible. Elle consistera à considérer le sujet concret individuel lui-même – toute relative, précaire et problématique que soit son existence – comme le porteur réel de la nescience ou l'opérateur véritable de la surimposition. De fait, ce sur quoi le maître tient avant tout à attirer l'attention du disciple, c'est sur son implication active dans tout ce processus. Certes, en un sens, on peut dire que la nescience le précède et le conditionne, qu'il en est un «produit», mais, sous un autre rapport, il est tout aussi légitime d'affirmer que le disciple (comme tout non-délivré), collabore avec cette nescience, se fait son complice, la ratifie tacitement d'instant en instant à travers l'ensemble de ses comportements. Après tout, surimposer est un verbe qui suppose, d'une manière ou d'une autre, un sujet, à la fois au sens grammatical et au sens métaphysique. Mais, en même temps, il est clair que la surimposition n'a rien d'une opération discrète, discontinue, qui pourrait être entreprise à un moment donné puis délaissée une fois accomplie. Elle est chose constante qui jamais ne commence ni

ne s'achève. Les choses se passent à la manière dont nous attribuons spontanément au firmament une forme de voûte et une couleur bleutée: il ne s'agit pas là d'une opération expresse que nous pourrions suspendre à volonté. Au contraire, sa constance, sa monotonie sont telles que nous oublions cette activité même et croyons avoir affaire à des qualités sensibles objectives et immédiatement perçues comme telles. Tout cela, le maître choisit de le démontrer par l'absurde en laissant, dans un premier temps, le disciple affirmer unilatéralement cette régularité uniforme de la surimposition, cette manière qu'elle a de paraître toujours déjà accomplie, ce qui induit la tentation de la prendre pour une *vis a tergo*, une fatalité qui nous priverait de toute liberté authentique. Mais on sait d'avance que, dans la perspective védântique, il s'agit là d'une conséquence inacceptable. dans ce cas, en effet, nous n'existerions plus « pour nous-mêmes » (*sva-artha*) mais nous nous réduirions à de purs agrégats, mécanismes ou systèmes.

24. En fin de compte, ce sont trois possibilités formelles qui sont successivement envisagées ici. Première possibilité : la dépendance réciproque de deux entités conscientes. Elle est irréelle parce qu'une entité consciente n'est pas en mesure de faire violence à une autre entité consciente en tant que telle. Elle ne peut que « parler » à l'autre, c'est-à-dire proposer des significations au pouvoir d'intellection, de jugement et de décision qui habite l'autre. Dans l'optique du Védânta , X ne

peut contraindre Y – que ce soit par le chantage, la menace, la torture, etc. – que dans la seule mesure où Y, en proie lui-même à la nescience, s'identifie à son corps physique, à son psychisme concret et à son personnage social. Le sage, pour autant qu'il a dépassé toutes ces formes d'identification, est donc proprement invulnérable. Voir à ce sujet le Commentaire de Śaṅkara à *Brahma-sūtra* II, 3, 45 (Trad. G. Thibault, *Sacred Books of the East*, Vol. XXXVIII, Reprint, Delhi, 1962, p. 63 et les remarques sur ce point d'O. Lacombe, *L'absolu selon le Vedânta, op. cit*, p. 260. Deuxième possibilité : la dépendance d'une entité consciente vis-à-vis d'une entité non-consciente. La contradiction interne dérive ici de la définition même, donnée plus haut, du conscient comme « fin pour soi-même » et du non-conscient comme « fin pour un autre ». Il faudrait que le non-conscient ait en tant que tel des buts, des projets, et prétende utiliser le conscient au service de l'atteinte de ces buts, ce qui est absurde. Troisième possibilité : la dépendance réciproque de deux entités non-conscientes. Son caractère factice découle directement du point évoqué précédemment. Deux entités non-conscientes n'existent pas l'une « pour » l'autre mais s'ignorent réciproquement. Elles ne peuvent s'ajuster l'une à l'autre que sous le regard d'une troisième entité – elle nécessairement consciente – qui sera alors en mesure de les situer l'une par rapport à l'autre (comme moyens, obstacles, etc.) dans la perspective des buts et intérêts qui lui appartiennent en propre.

25. A vrai dire, ceci n'est guère qu'une variante de la première des trois possibilités mentionnées. Maître et serviteur pourront être considérés comme en relation de dépendance réciproque non pas en tant que pures consciences mais dans la seule mesure où tous deux sont « incarnés » et comme tels soumis à la nescience qui leur « impose » des besoins comme la nourriture, le repos, etc.

26. Le disciple récapitule maintenant d'une manière très dense une bonne part de l'acquis des discussions précédentes, tout en interprétant cet acquis en termes à nouveau incompatibles avec l'esprit de la philosophie du védânta non-dualiste. Est soulignée en premier lieu l'impossibilité de tout réalisme naïf de la perception. Les données sensibles ne peuvent nous atteindre, c'est-à-dire « compter » pour nous en tant qu'êtres conscients et se proposer à notre interprétation que déjà métamorphosées en « représentations » ou *pratyaya* (terme qui signifie littéralement: ce qui nous permet d'aller – *aya* – à la rencontre – *prati* – des choses). A ce premier refus s'associe celui de tout idéalisme de la perception, au sens de l'école bouddhiste du Vijñāna-vāda ou, chez nous, du système de Berkeley. Pour Śaṅkara, en effet, les représentations perceptives ne possèdent jamais en elles-mêmes, en tant que pures représentations, de quoi rendre compte de la diversité concrète des qualités sensibles qui se reflètent en elles. Cette argumentation est longuement développée à l'adresse des bouddhistes dans le Livre II de son Commentaire aux

Brahma-sūtra, et particulièrement en II, 2, 28-31 (Trad. G. Thibault, p. 418-427). Ce réalisme au second degré est caractéristique de Śaṅkara, mais il n'est peut-être pas essentiel au non-dualisme en tant que tel. En dernière analyse, en effet, le mystérieux « Réel extérieur » lui-même ne peut pas être autre chose qu'un aspect ou un visage du *brahman*.. Il y a ainsi place dans l'histoire ultérieure de l'Advaita pour toutes sortes de développements divergents. Les uns, par exemple, conserveront le « réalisme épistémologique » de Śaṅkara mais en l'insérant dans un schéma métaphysique qui pose une scission originaire du *brahman* en un élément conscient (*cid-bhāga*) et un élément inconscient (*acid-bhāga*). La nescience devient alors une puissance cosmologique qui produit un univers matériel factice comme théâtre des actes des sujets conscients. D'autres prendront une orientation résolument perceptionniste : celle du *dṛṣṭi-sṛṣṭi-vāda* ou « doctrine de la création (des choses) par simple vue ». Quelques uns pousseront même jusqu'au solipsisme radical (*eka-jīva-vāda* ou « doctrine de l'âme individuelle unique »). Enfin, le maître et le disciple sont ici d'accord pour souligner le rôle du sujet ultime ou Témoin, comme celui dont la présence est toujours requise pour synthétiser, unir en une seule image du monde, le divers pur déployé par la perception sensible.

27. Les doutes formulés par le disciple reviennent formellement à ceci : en tant que principe unificateur de l'expérience, le Soi ne doit-il pas être

pour ainsi dire « contaminé » par cette diversité – spatiale, temporelle, qualitative – des données qu'il a pour fonction de synthétiser ? En d'autres termes, l'opération d'unification ne suppose-t-elle pas un minimum de contact avec le divers en tant que tel et d'ajustement à la structure de celui-ci ? D'où le spectre d'un devenir du Soi qui, tout en demeurant actif et libre, serait comme entraîné par la matière chaotique à laquelle il s'efforcerait d'imposer un ordre. C'est dans cet esprit que le disciple met en doute l'immuabilité absolue traditionnellement reconnue au soi (*kūṭastha-tva* , litt. : caractère de ce qui demeure (inaltéré) comme l'enclume (sous les coups de marteau).

28. Le maître articule sa réponse autour de la distinction de deux modes, radicalement différents, de synthèse. On trouve d'un côté la synthèse opérée par l'organe mental, lequel appartient au domaine du corps, du non-pensant. Elle opère sur les données des sens qu'elle organise après coup. Il s'agit donc d'une synthèse partielle, relative, conditionnelle, empirique. A cela s'oppose la synthèse (à supposer que ce terme convienne) émanant de l'*ātman*.. Cette dernière intervient avant toute expérience déterminée et comme la condition même de cette expérience. Rien ne peut exister pour moi que rapporté, au moins implicitement, à l'unité du « Je pense ». Il ne peut y avoir en moi des contenus à l'état libre qui résideraient en moi comme des sortes de corps étrangers sans être aucunement intégrés à mon champ de représentation. On admet donc quelque

chose comme une interparticipation latérale de tous mes objets de représentation à travers leur commun rattachement à l'unité du Cogito. Cette seconde synthèse est donc *a priori*, totale, inconditionnelle, absolue, transcendantale.

Tout ceci est, en un sens, très proche de Kant. La grande différence, cependant, que Kant pose le « Je pense » comme une condition formelle déduite de l'analyse de la structure de la représentation, alors qu'ici ce principe ultime d'unité est a) retrouvé à partir de son premier dévoilement dans les textes upanishadiques, b) considéré comme pouvant faire l'objet d'une identification concrète avec le moi empirique, une fois celui-ci purifié par l'ascèse et la méditation de tout ce qui ne lui appartient pas réellement. D'autre part, le principe d'une universalité de la synthèse transcendantale ne signifie pas nécessairement la négation de toute forme d'inconscient, par exemple au sens freudien. L'équivalent de ce dernier serait à chercher dans le caractère inévitablement schématique et lacunaire des synthèses opérées par l'organe mental, cela à cause de la nature éminemment « pratique » et « intéressée » de celles-ci : ce que nous désirons et redoutons conditionne la manière dont nous organisons les données de l'expérience à travers toutes sortes de phénomènes de sélectivité, de distorsion, de disjonction, de ségrégation, etc. Mais, par principe, on posera que rien ne s'inscrit dans l'organe mental qui ne soit en même temps « vu » par le Soi. D'où une présence latente de tout ce qui a été oublié ou laissé de côté, au sens de refusé ou refoulé. De tels contenus sont désignés en sanskrit par les termes de *vāsanā* (« latences » ou « imprégnations ») et *saṃskāra* (« montages »). La possibilité de principe s'ouvre alors d'une remontée à la lumière de ces contenus – vus dans leur vérité et ainsi rendus inoffensifs – comme corrolaire du processus sotériologique de reprise de conscience de soi ou du Soi.

29. On a là un bon exemple de la liaison constante qui s'opère dans l'univers intellectuel brahmanique entre l'analyse grammaticale et l'analyse philosophique. En principe, selon la tradition de Pāṇini, tous les mots du langage, et donc tous les signifiés, sont construits à partir d'un nombre relativement restreint (quelques centaines) de *dhātu*, « bases » ou racines verbales. Cela dit, *stricto sensu*, l'unification du champ mental par le Soi n'est pas une activité proprement dite, dénotable par un verbe. Elle ne possède en effet aucun des caractères constitutifs d'une action : elle ne procède pas d'une intention, n'a pas de but, de finalité ; elle ne commence ni ne finit. L'unité du champ de représentation est là simplement, acquise de toute éternité, mais la pente naturelle du langage nous entraîne à en parler comme du résultat d'une activité déterminée. L'exemple invoqué par Śaṅkara est quelque peu obscur dans sa formulation. Les commentateurs l'interprètent ainsi : une certaine action, par exemple celle de passer et repasser une lame dentelée sur un morceau de bois, est appelée

action de couper ou de scier de manière en quelque sorte anticipée, en fonction du résultat auquel on compte la voir aboutir, à savoir l'obtention de deux tronçons. Mais ceux-ci, inversement, pourraient être ce qu'ils sont, chacun de son côté, sans résulter nécessairement d'une action de sciage.

30. Le sens de cette objection est que dans l'exemple proposé les deux termes sont homogènes. Il s'agit de part et d'autre d'une action : celle de passer et repasser la lame, et celle de séparer. Dès lors, il semble que transférer ce parallélisme aux fonctions respectives de l'organe mental et du Soi aboutira à reconnaître implicitement que le Soi est, lui aussi, une entité modifiée par sa propre activité.

31. On se contente ici de rappeler ce qui d'avance interdit toute attribution d'une « opération » au Soi : il n'y a pas en lui la dualité de l'être substantiel et du « faire » contingent et multiple. Sa « vision », étant absolument inséparable de sa nature même, ne peut pas réellement être qualifiée d'« opération ».

32. En toute rigueur, l'appréhension se ramène à un être-dévoilé-au-Soi de tous les phénomènes, internes et externes, et cela sur le mode d'une présence originaire du Soi, constante et totale, antérieure en droit à toute opération expresse de captation, d'interprétation, etc. On parle cependant à bon droit de « saisie » – au sens d'une activité - par référence à la condition ordinaire du Soi qui, « ignorant » ou « aliéné », croit sentir qu'il fait corps avec une partie de la manifestation extérieure,

celle justement qu'il appelle « son » corps. Le Védânta analyse la présence du corps, ou mieux l'incarnation, comme le lieu paradoxal, contradictoire, provisoire d'un pseudo-contact entre la manifestation extérieure et le Soi. Il y distingue diverses couches de phénoménalité (appelées *kośa* ou « enveloppes ») du plus extérieur vers le plus intérieur, des aspects du vivant qui lui sont communs avec les choses physiques non-pensantes jusqu'à ce qui en lui apparaît comme « transfiguré » par la proximité immédiate du Soi. Cette couche la plus intérieure coïncide avec la *buddhi* ou intellect. Celui-ci constitue une structure intégrée au monde, déployée dans l'espace et dans le temps, matérielle quoique subtile, qui est fatigable, a besoin de nourriture, de repos, etc. Mais, d'un autre côté, l'intellect est ce fragment de la manifestation qui rend possible quelque chose comme une descente dans le monde, une phénoménalité sensible des attributs essentiels du Soi : efficacité immédiate sur les organes et les muscles des décisions volontaires , extensibilité et restructurabilité indéfinies du champ mental effectif, accélérabilité illimitée des processus mentaux... Et c'est en ce sens que « l'action de penser » n'est pas une action tout à fait comme les autres et, en particulier, tend à échapper sans cesse à la dispersion temporelle. D'où la métaphore optique de la réflexion utilisée ici. Elle signifie que la fonction de la *buddhi*, et de l'organe interne en général, est de maintenir dans le cadre de l'espace et du temps quelque chose comme une trace vivante de l'omniscience et de l'omnipotence du Soi. La *buddhi* représente ce lieu privilégié de la manifestation où l'inertie est minimale et où filtre quelque chose de la lumière du Soi.

33. Il n'y a pas d'élément réellement nouveau dans cet échange, sinon une nouvelle mise en évidence « en filigrane » de la nescience et de la manière dont elle pèse sur les démarches mêmes qui visent à la surmonter. L'unité absolue et immobile du Soi n'a pu, au moins dans un premier temps, être présentée au disciple que sur la base de la fonction d'« appréhendant » ou d'unificateur (empirique) des vécus, laquelle est en elle-même comme une image dégradée de l'unité absolue du Soi.

34. Le disciple qui comprend encore sa propre immuabilité sur le mode d'une donnée de fait se réfère assez naturellement au sommeil profond (dans ce qu'il a d'uniforme et de vide) comme au seul état où cette immuabilité serait « vérifiée » par l'expérience. Sur cette base de la question *quid facti* – et non de la question *quid juris* – il est amené à considérer les états de veille et de rêve comme autant de démentis vivants de cette immuabilité. Le maître lui répond en faisant valoir que dans la mesure précisément où ces états vont et viennent, sur un mode discontinu, ils sont tous nécessairement adventices (y compris le sommeil profond lui-même). Ils ne peuvent donc, en tant que tels, refléter la nature essentielle du Soi. Ils ne sont que des manières d'être extérieures, des états psychiques et

physiologiques à la fois dans lesquels le Soi entre (paraît entrer) et desquels il sort (paraît sortir).

35. Ici, le disciple renverse l'argument : la pure conscience immobile sera elle-même chose adventice – et ne pourra pas exprimer l'essence même du Soi – parce qu'elle ne se retrouvera pas dans l'« inconscience » propre au sommeil profond. En fait, parce qu'il la réduit tacitement à un certain état mental particulier, le disciple n'aperçoit pas la possibilité, pour cette conscience pure, de coexister avec les états psychologiques proprement dits en formant la toile de fond sur laquelle ils viennent se profiler.

36. L'idée directrice, à travers tout ce développement, est que la soi-disant inconscience du sommeil profond est en réalité le résultat d'une constatation d'absence (de représentations) opérée dans le sommeil lui-même et dont le résultat négatif est subrepticement transféré de l'objet sur le sujet. Celui qui, tel ici le disciple, affirme savoir ce qu'est le sommeil profond ne peut tirer ce savoir que de l'expérience qu'il en a eue (et du souvenir qu'il en a conservé), donc d'une certaine forme de vigilance maintenue au cœur même de ce sommeil. Deux points sont à noter ici. Tout d'abord, on doit préciser que le sommeil profond, selon le Védânta, est bien un vide mental, un néant de perception et non pas, à la manière de Leibniz par exemple, quelque obscure torpeur admettant une infinité de degrés. D'autre part, la dite « constatation d'absence » est nécessairement quelque chose de très différent de

son homologue dans l'état de veille et même dans le rêve. Elle ne se laisse concevoir que par un passage à la limite, en éliminant progressivement le réseau des attentes, des espoirs/craintes et interrogations de toutes sortes qui accompagnent ce type d'expérience dans la veille et dans le rêve. On en déduit alors que ce jugement d'absence doit revêtir la forme d'une constatation entièrement neutre, indifférente, dégagée de toute référence au moi et à ses intérêts et, pour cette raison même, n'éprouvant jamais le besoin de se formuler. La transformation de cette constatation d'absence en négation directe de toute forme de conscience dans le sommeil profond interviendrait ensuite et se ferait sous la pression même de la nescience qui tend à prévenir en nous toute forme de remontée vers la lucidité.

37. Ceci est la confirmation des développements précédents. Désormais, à partir du sommeil profond et en prenant encore un certain temps cette expérience comme fil conducteur, la réflexion va revenir de la *dṛṣṭi* comprise comme perception des objets extérieurs ou intérieurs (ou comme conscience intentionnelle en général) à la *dṛṣṭi* comprise comme pure aperception ou conscience non intentionnelle (appelée encore souvent « conscience-témoin »).

38. Rappel d'un thème capital dans la pensée de Śaṅkara : l'existence de la *dṛṣṭi* (ou *dṛśī*) n'est pas du même ordre que celle d'une réalité ontique, même intérieure (ou psychologique). Cette présence est de droit. Elle précède et rend possible, comme

on l'a déjà vu, l'usage des « moyens de connaissance droite » et ne tombe donc jamais sous la prise de ceux-ci. Le caractère en apparence inconnaissable (non perceptible, non inférable) du Soi vient de ce qu'il baigne dans sa propre lumière et n'a pas à être éclairé par une lumière apportée d'ailleurs.

39. Le maître veut montrer ici au disciple, par une voie indirecte, qu'il existe une différence essentielle entre *pramā* (connaissance correcte mais mondaine sinon empirique) et *avagati* (aperception transcendantale). D'où le cas de figure « irréel » d'une *avagati* qui serait en même temps *pramā*. Le disciple pense en termes d'ajustement incessant de la connaissance à la variabilité de ses objets. Pour lui, en somme, la connaissance est vraiment recherche d'une *adaequatio intellectus ad rem*. Le maître cherche à attirer son attention sur le fait que la notion de rectitude de la connaissance s'entend aussi, et de manière bien plus fondamentale, au sens d'un accès primaire (*avagati*, précisément) aux objets du monde comme constituant le privilège inaliénable de la conscience pure.

40. Le disciple est aux prises, à propos du sujet connaissant (*pramātṛ*), aux mêmes difficultés que précédemment à propos de la *pramā*. Concevant la connaissance avant tout sous la forme d'une opération, c'est-à-dire d'une certaine conduite d'ajustement à l'objet, il voit dans le *pramātṛ* l'auteur même de cette conduite, mais si la *pramā* est d'abord un être-révélé des objets, et cela de manière constante et immuable, la réalité d'un sujet

connaissant « n'ayant aucune tâche à remplir en matière de connaissance » ne peut que s'évanouir à ses yeux. Mais le maître va convertir cette difficulté en argument positif. Pour lui, le sujet n'a pas à être inféré postérieurement à partir du fait de la connaissance empirique, comme si celle-ci était l'une de ses conditions de possibilité, puisque la vraie connaissance est d'abord celle qui conserve un caractère constant et ne dépend en rien des fluctuations des objets de l'expérience. Cela revient à réaffirmer son caractère auto-établi ou, comme aiment à dire les Vedântins, « auto-lumineux ». Toutefois, il est nécessaire pour cela d'identifier le *pramātṛ* au Soi et celui-ci à l'*avagati*. En d'autres termes, le sujet doit être dépersonnalisé, « déconcrétisé », assimilé à une pure présence à un monde en général, donc complètement différent du sujet connaissant concret, engagé dans une situation existentielle déterminée. La notion bouddhiste d'une « connaissance sans sujet » suppose sans doute que le « sujet » en question a d'abord été posé tacitement comme sujet individuel particularisé.

41. On assiste maintenant à une sorte de réduction par l'absurde du raisonnement précédent. L'indépendance du sujet, quant à son existence même, vis-à-vis de tout *pramātṛ* ne signifie pas nécessairement, en un sens positif, son auto-établissement car cette indépendance serait tout aussi compatible avec son inexistence pure et simple. Ceci ne doit pas être à nouveau confondu avec le maintien d'une position de caractère boud-

dhiste selon laquelle une aperception immobile se suffit à elle-même, vu qu'elle n'a à être « mise en œuvre » par personne.

42. Le maître introduit ici une précision supplémentaire de grande portée, à savoir qu'il n'est pas possible de se contenter de l'aperception neutre, « en troisième personne », impersonnelle et anonyme, car, autrement, l'intentionnalité habitant l'attitude de la conscience demeurerait inexpliquée. La notion d'effort (*yatna*), précédemment invoquée par le disciple, est ici récupérée par le maître à travers celle de *pramitsā* ou « désir de connaître ». C'est pourquoi – remarquons-le au passage – la comparaison courante en Inde de la conscience pure à un miroir n'est pas valable jusqu'au bout. Il n'y a aucune inertie à l'intérieur de cette conscience, mais, au contraire, un pur jaillissement de liberté. Toutefois, au niveau humain, celui où l'ignorance métaphysique règne quasiment sans partage, cette liberté apparaît nécessairement comme volonté de se libérer, une volonté qui, non encore éclairée sur elle-même, cherche d'abord une issue à travers un effort d'assimilation, de réduction à soi des objets du monde.

43. Le maître montre ici très clairement en quoi l'auto-luminosité est la condition même de possibilité de la connaissance intentionnelle des objets du monde. Elle est ce qui rend à la fois inutile et impossible la réflexivité infinie de la prise de conscience.

44. L'argument utilisé ici par le maître est fondamentalement du même ordre que le précédent, mais peut-être plus directement dirigé contre l'idée d'une connaissance thétique *de* soi ou d'une introspection. Toute connaissance étant de structure duelle, le terme connaissant ne peut jamais venir s'identifier directement au terme connu. Selon l'image pittoresque souvent utilisée par Śaṅkara, un acrobate ne peut grimper sur ses propres épaules. Le sujet connaissant sera donc un autre que le sujet connu ou, si l'on préfère, le « vrai » sujet sera l'espace de conscience à l'intérieur duquel se place la relation du sujet connaissant au sujet connu. Mais alors le sens du « de soi » sera perdu car il exigeait justement l'identité directe du connaissant et du connu.

45. Ce dernier développement apporte, d'un point de vue qu'on pourrait qualifier de « phénoménologique », un complément à l'argumentation précédente. Il ne s'agit plus de la simple impossibilité logique de coïncider avec soi-même qu'entraîne un rapport sujet-objet inévitablement duel mais de l'impossibilité en quelque sorte inverse, ou réciproque, d'en venir pour le sujet à être réellement séparé de lui-même. Ce second mouvement montre, en somme, que le problème dont le premier mouvement avait exposé le caractère insoluble ne peut en fait jamais réellement se poser.

46. Dans toute cette fin de la deuxième section le point délicat autour duquel tourne la discussion concerne la manière dont la connaissance empirique

concrète, ou *pramā*, peut venir s'ajuster sur l'éternelle aperception ou *avagati*. Le disciple, parce qu'il met l'accent sur la connaissance comme résultat de l'emploi des moyens de connaissance droite (*pramāṇa*), conçoit *toute* connaissance sur le mode d'un processus, comme une activité supposant toujours la distinction sujet-objet ainsi que la fonction médiatrice d'un instrument de connaissance. Or il est clair que cette conception ne peut s'appliquer au Soi dans la mesure où celui-ci ne comporte pas le minimum de vide interne qui pourrait donner lieu à la scission sujet-objet (les *Upaniṣad* en parlaient déjà comme d'un bloc massif de conscience : *vijñāna-ghana*). Le disciple est donc tenté de penser que les processus de connaissance effectifs demeurent étrangers au Soi, comme inconnus de lui. Mais ce que le maître cherche à mettre en évidence est que la mobilité processuelle de la connaissance empirique n'a pas de valeur positive en elle-même. Toute intellection réussie n'est là que pour dissoudre au moins un fragment de l'objectivité extérieure brute. Les processus cognitifs confluent ainsi vers l'aperception transcendantale comme les fleuves vers la mer. On pourrait ainsi les considérer comme autant d'ébauches partielles d'une réintégration dans le Soi de tous les contenus (apparemment) extérieurs. Et seul le resurgissement incessant de nouveaux objets dans le monde extérieur, en relançant la curiosité extravertie, empêche ces processus de contribuer en quoi que ce soit à l'acheminement vers la délivrance.

Commentaire

Sur le Traité des Mille Enseignements

La partie en prose du *Traité des Mille Enseignements* – dont on n'a d'ailleurs traduit ici que la section centrale – n'offre évidemment qu'un modeste specimen de la pensée de Śaṅkara. Et il est certain que toute étude approfondie de cet auteur devrait avant tout se tourner vers son grand Commentaire aux *Brahma-sūtra* et ses gloses consacrées aux *Upaniṣad* majeures. Néanmoins, ce petit texte permet déjà de mettre en évidence quelques aspects caractéristiques de ce style de pensée et de nous en faire pressentir l'étrangeté, pour peu que nous comparions certains de ses thèmes majeurs à des motifs ou à des développements en apparence homologues dans la tradition philosophique occidentale [1].

1. Sur la structure interne du *Traité des Mille Enseignements* – notamment la possibilité d'y distinguer plusieurs couches de rédaction – et sur sa place dans l'évolution générale de la pensée de Śaṅkara – on pourra consulter Tilmann Vetter, *Studien zur Lehre und Entwicklung Śaṅka-*

Le point de départ proprement philosophique de Śaṅkara – abstraction faite de son inspiration védique essentielle – paraît au premier abord assez proche de celui de Descartes. L'idée que tout discours, ontique ou ontologique, est porté par un Je implicite ou explicite et que ce Je, foyer de toute intention signifiante (y compris éventuellement celle de sa propre négation factice), n'a pas à être lui-même démontré dans son existence mais seulement retrouvé comme toujours déjà là, déjà présent en droit à titre de condition de possibilité de toute connaissance effective portant sur les objets du monde, cette idée peut être légitimement assimilée à une sorte de Cogito. L'*ātman*, se plaît à répéter Śaṅkara, n'a pas à faire l'objet d'une connaissance médiate, d'ordre perceptif ou inférentiel, car il est d'avance le sujet de toute perception et « l'âme de toute démonstration ».

Cet *ātman* se laisse-t-il pour autant identifier à la *res cogitans* cartésienne ? Peut-on dire de lui qu'il est « une chose qui doute, qui conçoit, qui affirme, qui nie, qui veut, qui ne veut pas, qui imagine aussi et qui sent »[1] ? On le pourrait si l'*ātman*, dont la présence se laisse tout d'abord

ras, Publications of the De Nobili Research Library, vol. VI, Wien, 1979 (particulièrement, p. 75-91).

1. Descartes, *Méditations Métaphysiques* II.

déceler dans la fonction grammaticale de la « première personne », s'identifiait totalement à ce Je, sujet direct ou indirect du verbe à l'intérieur de toute proposition. Or, précisément, tout l'effort de la philosophie indienne, du moins des écoles d'orientation sotériologique dans leur dimension d'ascèse et de méditation, a consisté à analyser le sujet concret, le moi empirique, en y distinguant deux éléments profondément étrangers l'un à l'autre, même s'ils paraissent amalgamés dans les conditions qui sont celles de l'expérience courante. D'un côté, un être du monde à part entière, ayant prise sur les choses dans la mesure même où les choses ont prise sur lui, inséré dans le réseau des causes et des effets, susceptible d'apparaître, de se transformer et de disparaître ; de l'autre, un simple regard uniforme jeté sur le premier élément et ses démêlés avec le monde, depuis un domaine d'expérience étranger à la sphère mondaine.

Lorsque Descartes attribue à la *res cogitans* tel ou tel mode de comportement, ou telle ou telle faculté, il croit se borner à traduire un banal fait d'expérience et il n'a certainement pas conscience d'engager, ce faisant, toute une philosophie. Mais si – pour reprendre l'expression de Nietzsche – nous lisons son texte « avec un œil asiatique » la présence dans ces quelques lignes d'un choix philosophique majeur nous deviendra immédiatement évidente.

Peut-on dire, par exemple, de l'*ātman* qu'il doute et qu'il conçoit ? Du point de vue védântique traditionnel, certainement pas car ce sont là des activités qui, tout intellectuelles qu'elles soient, se déroulent dans le temps et consomment une certaine énergie. Pour Śaṅkara, il s'agit seulement de « fonctionnements mentaux », c'est-à-dire d'opérations en elles-mêmes automatiques et aveugles de classement de données selon certains programmes. Et ces opérations sont prises en charge par des structures spécialisées de l'organisme appelées organe mental (*manas*) ou intellect (*buddhi*). Ce sont des processus en troisième personne qui se déroulent dans le corps et qui, en principe, ne devraient pas davantage concerner le Soi que, par exemple, la respiration ou la digestion. Seulement, il se trouve qu'en fonction de la nescience le Soi ne parvient plus – ou plus totalement – à se distinguer lui-même de ces fonctionnements auxquels il « s'intéresse », dans lesquels il se projette et à qui surtout il « prête » sa lumière. A partir de là, ces fonctionnements prennent une fausse allure consciente et sont attribués au sujet lui-même, de manière implicite ou explicite. Les opérations intellectuelles apparaissent ainsi comme greffées de l'extérieur sur un principe certes essentiellement conscient mais qui, à proprement parler, ne « pense » pas.

A vrai dire, rien n'apparaît plus troublant et plus dépaysant pour un philosophe élevé dans la tradition occidentale que cette conception védântique d'une activité mentale tournée *vers* le Soi et non pas émanant *de* lui. Dans cette optique, en effet, toutes les démarches de ce qu'il faut bien encore appeler «la pensée» – dénombrement, analyse, synthèse, recherche d'une cause suffisante, induction, déduction, etc. – se ramènent à autant d'efforts déployés par l'esprit concret (en termes indiens, l'ensemble formé par les sens, le *manas* et la *buddhi*) pour dépouiller sa propre discursivité et rejoindre l'impassibilité immobile du pur principe de conscience.

Or, dans la mesure où cet esprit concret est considéré comme un être du monde, il est privé de lumière au point d'ignorer ce qu'il fait et où il va. Ses efforts ne seraient donc que soubresauts aveugles et désordonnés s'il n'était guidé à son insu par une sorte d'attraction que le Soi exerce sur lui, attraction qui se manifeste à travers certaines exigences logiques (principe de contradiction, principe du tiers exclu, etc.) dont le sens ultime n'est autre que la fusion recherchée de toute la diversité interne dont l'esprit est porteur dans l'unité du Je pense. Dans cette perspective, penser ne sert plus à construire une image intelligible du monde et à se situer soi-même à l'intérieur de ce monde, mais seulement à évacuer les contradictions internes, l'inquiétude et l'apparence d'individuation que l'irrationnelle, et pourtant bien présente nescience a introduit dans la pure ipséité transpersonnelle.

Une fois cette tâche accomplie – en admettant qu'elle puisse vraiment l'être une fois pour toutes – l'activité mentale devrait en principe s'arrêter, privée de raison d'être pour avoir atteint son *telos* ultime. On la compare volontiers à une rivière qui cesse de couler à partir de l'instant où elle a rejoint l'océan à son embouchure. Cette notion d'un arrêt de la pensée, captée, ou recaptée, par l'Un, soulève à son tour divers problèmes à l'intérieur même de la problématique du Védânta. En termes proprement religieux, la suspension de l'activité discursive de la pensée devrait signifier la réémergence du Soi et donc la délivrance (*mokṣa*). La question se pose alors de savoir si le «ne plus penser» doit être interprété littéralement ou non. Dans le premier cas, la délivrance ne saurait, en tout état de cause, intervenir qu'après la mort puisqu'aussi bien une certaine activité de perception, de langage, d'échanges avec le milieu extérieur va nécessairement avec la vie. L'émergence du Soi se réduira alors à une expérience exceptionnelle, même si elle s'avère éventuellement susceptible de répétition. On l'assimilera à une sorte d'extase ou de profond recueillement (*samādhi*) procurant comme un avant-goût de la délivrance mais condamnée tout de même ici-bas à s'effacer devant les retours offensifs de la nescience.

Il existe cependant une autre possibilité d'interprétation. Selon celle-ci, la réapparition du Soi se ramène dans le sujet à l'acquisition d'une certitude de fond touchant son identité avec le *brahman*. En tant que telle, cette certitude est capable de coexister pacifiquement, en les déréalisant et en les dédramatisant, avec les multiples impressions sensibles et idéations concrètes que la persistance de l'incarnation, elle-même motivée par les conséquences des actes antérieurs du sujet (son *karman*), entraîne inévitablement chez lui. Ce dernier demeure donc pris dans un régime d'échanges avec son environnement physique et social, de telle manière cependant que les gestes et pensées suscités en lui par cette constante interaction avec le monde ne soient plus ressentis par lui comme émanant de sa personne, en exprimant les intentions et faisant corps avec elle, mais plutôt comme liés au personnage particulier que son propre *karman* l'a amené à jouer présentement sur la grande scène de l'univers. On peut alors parler de « délivrance en cette vie-même » (*jīvan-*

mukti). Tel est d'ailleurs clairement le statut du « maître » dans le *Traité des Mille Enseignements* (voir *supra*, la note 2, p. 68).

La même chose vaudra pour toutes les fonctions mentales impliquant plus directement quelque chose comme une initiative ou une décision. Le Soi ne ressemble en rien à une âme concrète capable d'imaginer, de vouloir ou de refuser. La raison en est qu'il se suffit parfaitement à lui-même, vivant dans la citadelle inexpugnable d'un éternel présent, et ne possède donc aucun motif de vouloir ou de refuser ceci plutôt que cela. Ici encore, c'est le corps vivant lui-même qui, participant à tout un jeu d'actions et de réactions avec son environnement physique et social, module lui-même, à travers des organes et fonctions spécialisés, la distribution vers l'extérieur ou l'intérieur de l'énergie dont il dispose. Et c'est à nouveau la nescience, cette sorte de distraction métaphysique à laquelle le Soi, de toute éternité, se serait mystérieusement abandonné, qui est invoquée pour rendre compte de la manifestation du « Je veux » ou du « Je désire ».

La grande différence, donc, avec Descartes est qu'on ne saurait parler ici d'« union substantielle » de l'âme et du corps. Certes, dans l'expérience concrète, le lien entre le Soi et les diverses « conditions délimitantes extrinsèques » (*upādhi*) plaquées sur lui est extrêmement fort, au point que la plupart des hommes n'imaginent même pas qu'il pourrait se rompre en dehors de l'événement de la mort. Reste que ce lien conserve la structure d'une opinion, d'un préjugé, fût-il invétéré, immémorial et, pour ainsi dire, transcendantal. Et toute la dimension sotériologique du Védânta est là : dans cette ambition, qui peut nous paraître démesurée, de tirer pas à pas le Soi du sommeil hypnotique dans lequel le plonge sa fascination pour le monde et d'abord pour le corps propre. Il y a bien ici, en pratique, quelque chose comme un *vinculum substantiale* mais celui-ci est fait de toute une sédimentation d'opinions et d'habitudes que la Révélation védique d'abord dévoile comme telle et que l'effort humain est ensuite appelé à déblayer avec ténacité.

De cet effort la section centrale de la partie en prose du *Traité des Mille Enseignements* ne donne, à vrai dire, qu'une image encore très partielle. La méthode «socratique» de dissolution de l'ignorance métaphysique à travers les péripéties du dialogue maître-élève doit être, en effet, replacée à l'intérieur d'une stratégie d'ensemble. Celle-ci comporte l'acquisition préliminaire de diverses qualifications d'ordre social, religieux et éthique [1], mais surtout elle s'articule autour de la rumination mentale des «Grandes Paroles» upanishadiques – telles que le *tat tvam asi* – communiquées au disciple par son *guru*. C'est la méditation, pousuivie sans relâche au fil des mois et des années, qui est réputée conduire à la vision directe du Soi (s'il est permis de s'exprimer ainsi) et à la délivrance finale. A cet effet, de nombreuses techniques de concentration mentale et de lutte contre les distractions et tentations – empruntées pour la plupart à la discipline pan-indienne du Yoga – peuvent et doivent être utilisées. Śaṅkara est lui-même fort explicite à cet égard. Cela ne signifie cependant pas que les pratiques d'ordre réflexif – ou intellectuel en général – n'aient ici aucun rôle à jouer. Bien au contraire : leur rôle consistera à dissiper peu à peu l'impression d'absurdité – ou à tout le moins d'impossibilité – que les paroles upanishadiques suscitent obligatoi-

1. La section initiale de la partie en prose du *Traité* en parle en ces termes : « (Le disciple) doit être un brahmane détaché de tout ce qui est impermanent. Ayant renoncé au désir d'avoir un fils et d'acquérir toute espèce de biens périssables, en ce monde comme en l'autre, il aura embrassé l'état d'ascète errant. Maître de son esprit et de ses sens, bienveillant, versé dans les Ecritures, avec une qualification garantie par sa caste, son comportement extérieur, son savoir et son origine familiale, il se sera adressé au maître dans les formes prévues par la règle » (§ 2).

rement au premier abord chez celui qui les écoute. Montrer qu'il n'y a rien de contradictoire dans la thèse de la non-dualité, que c'est au contraire la conception pluraliste du réel qui est entachée de contradiction, telle sera la tâche propre de la réflexion rationnelle (*manana*) s'appliquant aux données de la Révélation védique. Dans la section traduite ici du *Traité* cette réflexion revêt avant tout la forme d'une mise en évidence de la nescience, de la manière dont elle détermine les structures essentielles de l'expérience perceptive commune, de ses contradictions internes et des moyens propres à l'éliminer, elle et ses conséquences.

Ce type de discussion n'épuise cependant pas le champ de ce que le Védânta désigne par le terme de *manana*. Dans le reste de l'oeuvre de Śaṅkara, notamment dans ses Commentaires aux *Upaniṣad*, à la *Bhagavad-Gītā* et aux *Brahma-sūtra*, la réflexion tourne le plus souvent à l'éxégèse : il s'agit d'éliminer les obscurités et contradictions apparentes de ces textes, et pour cela il convient de reconstruire la démarche de pensée supposée présente dans le texte sacré, de rétablir les transitions cachées, d'expliciter les objections sous-jacentes, de reconstituer l'intention signifiante de chaque passage et même de chaque phrase en fonction de son contexte, etc. Un troisième type de démarche réflexive concerne les « Grandes Paroles » censées renfermer la quintessence de la Révélation védique. Ici, la réflexion partira de l'inintelligibilité apparente de ces propositions pour s'attacher ensuite à élucider le sens particulier de chacun des termes mis en jeu (par exemple, le « Tu » et le « Cela » dans le *Tat tvam asi*), de manière à mettre en lumière une certaine convergence sémantique entre eux et à laisser ainsi entrevoir la possibilité ultime de leur identification [1].

Le combat pour parvenir à l'éveil, le combat contre l'omnipotence de l'ignorance métaphysique est ainsi compris comme une sorte de guerre totale dans laquelle le candidat à la délivrance (le *mumukṣu*) n'a pas la moindre chance de triompher aussi longtemps qu'il la mène seul, c'est-à-dire sans l'aide éclairée d'un *guru* [2] – et qu'il n'y

1. On trouvera une démarche de ce type dans le chapitre XVIII de la partie versifiée du *Traité*. Elle a été reprise de manière plus systématique par Sureśvara, un disciple direct de Śaṅkara, dans sa *Naiṣkarmyasiddhi*. Voir Guy Maximilien (Trad.), *La démonstration du non-agir*, Publ. de l'Institut de Civilisation Indienne, Fasc. 37, Paris, 1975.

2. La qualification du maître importe encore davantage que celle du disciple. La section initiale du *Traité* en parle en ces termes : «Quant à l'instructeur, il doit être capable d'argumenter en pesant le pour et le contre et en prenant en compte les diverses objections possibles. Il connaît les Traités et il est indifférent à toute espèce de jouissance ainsi

engage pas l'ensemble de ses énergies, physiques, psychiques et intellectuelles.

Mais rien, peut-être, n'est plus apte à nous faire mesurer l'étrangeté profonde du projet védântique que le refus śaṅkarien de l'âme sensible ou sentante. Dans l'attitude naturelle, les sensations affectives et aussi bien les sentiments ou les passions font corps avec nous-mêmes. Et cependant nous voyons ici le maître s'efforcer d'expliquer à son disciple que les affects, dans la mesure où nous nous distinguons déjà d'eux à travers la conscience même que nous prenons de leur présence en nous, ont vocation à être comme expulsés de l'intériorité, dépersonnalisés et transformés en purs objets (*karma-bhūta*, § 70). Mais les affects ne sont possibles comme tels que sur la base du désir. Or, l'objectivation des vécus affectifs, à supposer qu'elle soit vraiment possible, correspondrait à un déracinement total du désir, à un arrêt de cette fuite perpétuelle de l'*ātman* hors de lui-même qui définit la nescience.

qu'au succès et à l'échec. Connaissant le *brahman*, établi en lui, il demeure exempt des défauts qui ont nom mensonge, arrogance, hypocrisie, jalousie, cupidité, égoïsme et attachement. Le seul motif qui le pousse à agir est le désir de venir en aide aux autres et son unique but en ce monde est de transmettre la connaissance libératrice» (§ 6).

Il est possible, sinon probable, que cette technique d'objectivation des affects ait été initialement empruntée à l'Ecole rivale du Sāṃkhya-Yoga. Divers indices d'ordre historique et philologique vont dans ce sens. Elle s'insère pourtant d'une manière assez harmonieuse dans la discipline spirituelle propre au Védânta. L'idée sous-jacente est que toute expérience affective – de la sensation de plaisir ou de douleur la plus ponctuelle et la plus élémentaire au plus complexe et au plus intellectualisé des sentiments – enveloppe déjà une affirmation ou une négation brute, un «Oui» ou un «Non» antéprédicatif, selon que la source de l'affect est spontanément ressentie comme favorable ou défavorable à cet amour de soi qui, dans l'attitude naturelle, inspire la conduite et les réactions de chacun. Il s'agit donc ici de rompre avec cette dichotomisation immédiate du vécu en adoptant à son égard l'attitude neutre d'un pur témoin (*sākṣin*), attentif aux conditions d'apparition du phénomène et capable en même temps, à la manière d'un phénoménologue avant la lettre, d'en «mettre entre parenthèses» la dimension de refus passionné ou d'acquiescement avide. L'extrême difficulté que nous éprouvons tous à concevoir – et *a fortiori* à pratiquer – ce genre particulier d'*épochè* pourrait bien signaler à cet endroit la présence d'une tache aveugle dans le champ de visée du questionnement philosophique occidental.

La question est d'ailleurs d'autant plus complexe que cette élimination des affects à l'intérieur de la pratique spirituelle védântique ne débouche en aucune manière – contrairement à ce que l'on pourrait imaginer – sur une conception de l'absolu, et donc de la délivrance, comme affectivement neutre. Le *brahman*, dans la mesure où il se laisse définir ou plutôt caractériser, est toujours «approché» à l'aide du trinôme *satcidānanda* ou être-conscience-félicité. Le délivré accède ainsi d'un seul et même mouvement à l'existence absolue, à la conscience en sa plémitude et à une béatitude sans mélange. Comment peut-il ainsi basculer de la neutralité ou de l'indifférence affective à la béatitude ? Le *Traité des Mille Enseignements*, du moins dans sa partie en prose, n'apporte pas de réponse à cette question qu'il ne pose même pas explicitement. Dans d'autres textes, cependant, par exemple dans son Commentaire au chapitre IV de la *Bṛhadāraṇyaka-Upaniṣad*, Śaṅkara laisse entrevoir les linéaments d'une solution : l'ignorance métaphysique ne se contente pas de voiler nos pouvoirs naturels de connaissance, elle nous cache également la béatitude incréée, innée, en laquelle nous baignons à chaque instant puisque nous *sommes* le *brahman*.

Elle n'y parvient cependant pas totalement puisqu'il existe des joies et plaisirs de caractère «mondain» en lesquels cette béatitude transparaît, quoique émiettée, déformée et souillée par l'avidité du désir et la crispation de la crainte. Semblable à la clarté des étoiles lorsqu'elle n'est plus offusquée par la lumière crue du jour, cette félicité se contente de réapparaître en sa plénitude lors de l'accès à la délivrance.

En résumé, le Soi védântique est le contraire même d'un sujet présent au monde et impliqué en lui. Seul le voile de l'illusion le fait apparaître sous les espèces d'un moi concret, individualisé, porteur d'intérêts et de projets spécifiques. Le but suprême de l'homme, la délivrance, est alors que son phénomène, la forme concrète de son expérience, rejoigne enfin son essence impersonnelle, immobile, atemporelle, à jamais étrangère à ce monde, à sa beauté comme à sa souffrance [1]. Et ce

1. Cette notion que le Soi est essentiellement étranger au monde trouve peut-être son illustration la plus frappante dans la manière qu'a le Védânta de refuser tout privilège à l'état de veille (par opposition au rêve et au sommeil profond), c'est-à-dire à l'état où la présence au monde est d'ordinaire supposée la plus parfaite Cf. § 86-93). En fait, de manière plus ou moins explicite, son discours se fait toujours entendre à partir d'un «quatrième état», ou état fondamental de la conscience, dont les trois autres ne représentent que des modes particuliers de perturbation. On

but est en fait déjà atteint. L'état de servitude est comparable à une incarcération dans une prison où les portes ne seraient pas verrouillées mais où personne ne songerait à vérifier ce fait, n'imaginant même pas qu'il puisse en être ainsi. La Révélation védique apporte aux prisonniers de la transmigration cette bonne nouvelle que leur captivité est seulement de nature mentale et qu'elle peut cesser à tout instant pour peu qu'ils parviennent à ajouter foi à cette banale et prodigieuse affirmation.

se reportera ici à l'article, très clair et bien documenté, de G. Bugault, *Sthāna (Etats de la conscience)* dans l'*Encyclopédie philosophique, op. cit.*, p. 2910-2912.

Lexique des principaux termes sanskrits

Adhyāsa (ou *Adhyāropa*) – Surimposition. Au sens optique, confusion visuelle de deux plans distincts avec attribution à l'un des formes et qualités appartenant à l'autre. Chez Saṅkara, la surimposition désigne la fausse attribution au Soi, sous l'emprise de l'ignorance métaphysique, des déterminations qui appartiennent en propre au corps.

Advaita – Non-dualisme. Nom d'une branche particulière de l'école védântique qui pose l'unité absolue de toutes choses en *brahman*..

Ākāśa – Espace cosmique. Outre le rôle qu'il joue dans les différentes cosmologies et cosmogonies indiennes, l'*ākāśa* est très fréquemment utilisé dans les milieux védântiques comme symbole du *brahman* et support des efforts méditatifs visant à s'élever jusqu'à lui.

Artha – But, objet, sens, valeur. Le terme s'applique d'une manière généale à tout ce qui fait l'objet d'un intérêt et d'une visée consciente. Il désigne aussi, avec les significations de « richesse « et de «pouvoir», l'un des quatre buts majeurs de la vie selon la théorie brahmanique orthodoxe (les trois autres étant *kāma, dharma* et *mokṣa*).

Ātman – Soi. Désignait probablement à l'origine le souffle vital. Il est ensuite compris comme la source ultime et le fondement caché auquel se rattachent tous les phénomènes internes conditionnés et passagers. Dans l'ésotérisme upanishadique et védântique, l'*ātman* vient à être identifié à l'origine ultime des choses en général ou *brahman*. Plus tard, il est fréquent que les deux termes soient traités pratiquement comme des synonymes. Connaître l'*ātman*, ou plutôt entrer en coïncidence avec lui conduit directement à la délivrance.

Avagati – Aperception transcendantale uniforme, distincte de la conscience des objets déterminés et condition de possibilité de celle-ci.

Avidyā – Ignorance métaphysique, nescience ou inscience. A la fois puissance cosmique détenue par le *brahman* et force d'illusion dont la totale emprise sur le psychisme humain voue celui-ci à des pensées et à des comportements qui le rivent au *saṃsāra* ou circuit des renaissances.

Bhoktṛ – « Patient » ou agent de l'expérience affective. Le terme qualifie le sujet des sensations affectives, des émotions, et des passions, compris comme celui qui « goûte » (racine BHUJ) à travers elles les fruits doux ou amers de ses actes passés.

Brahman – Absolu. A l'origine le terme s'appliquait au secret présent « derrière » les formules sacrificielles et fondant leur efficacité magique. Les progrès de la réflexion à la fin de l'époque védique ont conduit à voir en lui une sorte de logos organisateur, fondement de l'ordre cosmique. On doit souligner que le *brahman* s'apparente davantage au « divin » qu'aux dieux. Le Dieu Brahmā qui joue un certain rôle dans la mythologie hindoue peut être conçu comme une hypostase du *brahman.*

Buddhi – Intellect. Il ne doit pas être assimilé à une fonction ou à un pouvoir intrinsèque du Soi car il est matériel, quoique fait d'une matière infiniment subtile. Il représente à l'intérieur de l'organisme la structure fonctionnelle la plus fine et la plus complexe, celle dans laquelle viennent se refléter, comme dans un miroir, les propriétés essentielles qui sont celles du Soi. C'est en lui, également, que s'opère la culmination de la démarche méditative destinée à laisser réapparaître le Soi « en personne ». La *buddhi*, son rôle accompli, s'efface alors pour laisser briller la lumière du Soi à qui elle empruntait la sienne propre.

Caitanya (ou *Cit*) – Conscience absolue. Le terme désigne le pur principe de conscience considéré en lui-même, indépendamment de tout rattachement à un moi individuel et de tout contenu objectal. Cette conscience pure, toujours conçue en même temps comme empreinte de félicité, forme l'essence du Soi.

Dharma – L'ordre du monde. Vient d'une racine qui signifie « soutenir », désigne l'ensemble des lois physiques et sociales dont le règne empêche l'univers de retomber prématurément dans le chaos. En tant que sur la terre l'observance de ces lois n'est pas automatique mais se trouve, en quelque sorte, confiée à l'homme, le *dharma* devient à son tour l'un des quatre « buts de l'homme ».

Dhātu – Racine verbale. Pour les anciens théoriciens du sanskrit tous les signifiés de la langue peuvent – moyennant un jeu de suffixes et de préfixes – être construits à partir de ces racines. Les philosophes indiens, lorsqu'ils ont à justifier l'emploi de tel ou tel concept dans un texte, font un grand usage d'explications étymologiques ou pseudo-étymologiques fondées sur ces racines verbales.

Dṛṣṭi (ou *Dṛśī*) – Aperception transcendantale. (Synonyme d'*Avagati.*).

Duḥkha – Souffrance. Se prend en un sens très large de malaise ou d'insatisfaction. Dans le Bouddhisme sa présence – évidente ou secrète – au fond de toute forme d'expérience humaine constitue la première des quatre « vérités saintes ». Elle caractérise la transmigration en général, et l'une des manières négatives de définir la délivrance consiste à mettre l'accent sur sa disparition définitive. La nescience est non seulement cause, plus ou moins directe, de souffrance mais déjà souffrance en elle-même par la tension et l'inquiétude qu'elle confère à tous les comportements humains.

Dvandva – Couple d'opposés. Il s'agit de contenus psychiques antagonistes, l'un positif et l'autre négatif, mais liés entre eux de telle sorte que la recherche de l'un entraîne inévitablement la confrontation avec l'autre. Ainsi les couples plaisir-douleur, succès-échec, gloire-opprobre, espoir-crainte, etc. Dans la mesure où nous pensons et agissons sous l'empire de la nescience nous nous imaginons toujours en vain pouvoir n'avoir affaire qu'à l'élément positif de chaque couple. Une certaine forme de dépassionnement, qui n'est pas encore la délivrance proprement dite mais qui y prépare, consiste à prendre conscience du caractère inséparable de ces couples d'opposés et de la nécessité de les dépasser en tant que tels.

Īśvara – Seigneur suprême. Dans le Védânta peut désigner tel ou tel des grands dieux de l'hindouisme (Viṣṇu, Śiva, etc.) conçu comme une hypostase du *brahman*.

Jñātṛ – Le sujet connaissant actif, vu comme un cas particulier de l'agent en général ou *kartṛ*.

Kāma – Désir, amour, plaisir. L'un des quatre « buts de l'homme ». Du point de vue des *Upaniṣad*, tout *kāma* est *ātma-kāma* ou « amour du Soi » car le Soi est le seul véritable objet d'amour possible, mais sous l'emprise de l'ignorance métaphysique cet amour dégénère fatalement en amour égoïste de soi.

Karman – Acte. Il s'agit tout d'abord de ce que le verbe désigne en propre dans la phrase, puis du terme passif sur lequel s'exerce l'action de l'agent. Dans le registre religieux, *karman* désignera tout d'abord l'acte rituel en tant que générateur de certaines conséquences dans l'invisible (et plus tard dans le visible) et, plus généralement, tout acte humain en tant qu'il laisse son empreinte sur le corps subtil (voir ce mot) de son auteur et contribue par là à orienter dans un sens déterminé le cours ultérieur de ses renaissances.

Kartṛ – Agent, sujet de la phrase, sujet en général.

Kūṭastha(nitya) – Absolument immuable. Ce qualificatif sert à distinguer l'inaltérabilité absolue propre au pur principe de conscience (ou *caitanya*) de l'immuabilité relative de ce qui perdure indéfiniment tout en se transformant sans cesse, ainsi l'univers physique dit *pariṇāma-nitya* « éternel en évolution ».

Manas – organe mental, esprit en un sens général. le terme, apparenté au latin *mens*, désigne une sorte de *sensorium commune* qui, sous l'égide de l'intellect ou *buddhi*, regroupe en une image du monde cohérente les messages issus des divers organes sensoriels et coordonne les gestes et paroles du sujet lorsque celui-ci répond par une certaine activité aux sollicitations qu'il a reçues du monde extérieur.

Mahāvākya – Grandes Paroles. Nom générique de quatre propositions upanishadiques qui enseignent l'identité absolue du soi-même et du *brahman* et dont le *tat tvam asi* n'est que la plus connue. La compréhension intuitive du sens de ces propositions, obtenue au terme d'un très long travail de purification, d'ascèse et de méditation (cette dernière comportant traditionnellement quatre phases), débouche directement sur la délivrance.

Māyā – Magie universelle, illusion cosmique. A bien des égards synonyme d'*avidyā*,. quoique cette notion mette plus particulièrement l'accent sur le côté collectif, quasi objectif, de l'ignorance métaphysique et surtout sur la dimension illusionniste de la manifestation sensible extérieure.

Mokṣa (ou *mukti*) – Délivrance (synonyme du terme bouddhiste *nirvāṇa*). Retour définitif, motivé par une prise de conscience décisive, de l'*ātman* à un certain état fondamental qu'il n'avait jamais en fait quitté mais que l'*avidyā* lui avait fait complètement perdre de vue. La délivrance est moins un processus effectif de libération, au sortir d'un réel état de servitude, que la prise de conscience d'une liberté dont le sujet jouissait de toute éternité mais en la méconnaissant. Elle se définit également comme la cessation définitive de la transmigration et de la souffrance liée à cette dernière. Parmi les « buts de l'homme » elle est naturellement le plus élevé.

Padārtha – « Objet de mot ». Le terme correspond assez exactement à notre notion de « catégorie » au sens aristotélicien.

Pramā – Connaissance droite. Il s'agit d'une connaissance appuyée sur les *pramāṇa* (voir ce mot) mais ajustée aux objets de l'expérience commune et, à ce titre, relevant encore de l'ignorance métaphysique.

Pramāṇa – Moyen de connaissance droite. Nom générique d'une série comprenant notamment la perception, l'inférence, le témoignage valide et quelques termes mineurs. Les *Pramāṇa* relèvent d'une épistémologie tournée vers la connaissance du monde extérieur mais on ne leur reconnaît – à tout le moins dans le Védânta – aucune compétence pour ce qui est de connaître l'*ātman* dont l'auto-révélation précède en droit leur déploiement.

Ṛṣi – Sages mythiques des temps anciens censés avoir été les premiers à capter le message de la Révélation védique pour ensuite, à travers leurs disciples et les disciples de ces disciples, le faire parvenir jusqu'à nous.

Sahaja – Inné, connaturel. Désigne un des caractères essentiels de l'ignorance métaphysique en tant qu'elle n'est jamais acquise, fût-ce précocement, mais préside déjà à nos comportements les plus élémentaires et à nos réactions les plus spontanées dès les premiers instants de la vie.

Saṃskāra – Perfectionnement, apprêt, montage. Le terme désigne toute insertion de propriétés nouvelles dans un être ou une substance, que cela se produise par une manipulation technique, un rite, un apprentissage, ou l'intensité propre d'une expérience quelconque. Dans le cadre de la théorie du *karman*, il désigne toute modification durable introduite dans le psychisme par les actes commis antérieurement et destinée à infléchir, dans un sens ou dans un autre, le cours futur des renaissances du sujet.

Saṃsāra – Circulation universelle (des êtres) ou transmigration. On désigne ainsi la série sans commencement ni fin des morts et des renaissances à laquelle participent tous les êtres de l'univers – et pas seulement les humains – pour autant que, n'ayant pas surmonté l'ignorance métaphysique, ils demeurent soumis à l'emprise du désir et de la crainte. Dans certains contextes le terme devient synonyme de monde en général

Śruti – Révélation védique (Litt. : « audition »). C'est le nom pris par le corpus védique lui-même en tant qu'il est réputé avoir été communiqué oralement aux sages des anciens temps. Que le Veda demeure avant tout une Parole – et non un Livre – est encore attesté par le caractère exclusivement oral de sa transmission lequel s'est maintenu tel pendant au moins deux millénaires. Pour le Védânta (qui se conçoit lui-même comme « achèvement du Veda » (*Veda-anta*), la *Śruti* représente la plus haute autorité et l'unique source d'inspiration de la philosophie.

Sūkṣma-śarīra – Corps subtil. Il s'agit d'une structure matérielle subtile comprenant notamment les sens, l'organe mental, l'intellect, dans laquelle viennent s'inscrire les *saṃskāra* et *vāsanā* (voir ces mots) et qui, grâce à son indestructibilité empirique, résiste à la mort et transmet ces engrammes à un nouvel embryon dans le cadre du schéma général de la réincarnation.

Upādhi – Condition limitante extrinsèque. Désigne tout ce qui se trouve illusoirement projeté sur le Soi, de par le phénomène de la surimposition, imposant toutes sortes de limitations factices à son omniscience et à son omnipotence essentielle.

Upaniṣad – Nom générique d'une série de textes ésotériques appartenant au corpus védique et fondés sur la notion d'une corrélation terme à terme entre le rituel, l'organisme humain, et le cosmos.

Vāsanā – Latence ou imprégnation. Très souvent synonyme de *saṃskāra* mais avec une nuance particulière, l'accent étant mis sur le côté caché, potentiel des tendances ainsi constituées.

Viṣaya – « Champ d'action ». Terme technique de la philosophie servant à désigner l'objet de la perception puis, plus généralement, l'objet en tant que tel.

Viṣayin – « Celui qui entre en rapport avec l'objet ». Autre terme technique formé artificiellement à partir de *viṣaya*. Dans la langue courante, cependant, le terme désigne un homme adonné aux plaisirs des sens.

Vyavahāra – Pratique courante, convention sociale, vérité empirique. Par extension, le terme désigne l'ensemble des pratiques intersubjectives fondées sur les moyens de connaissance droite, mais empiriques, tels que perception et inférence. Le *vyavahāra* entretient un rapport étroit avec l'ignorance métaphysique en ce qu'il contribue, déjà à travers la convention linguistique, à enfermer les hommes dans un rêve d'autant plus profond qu'il est unanimement partagé. On peut cependant parler d'une vérité « pratique » (*vyavahārika*), mais à condition de l'opposer à la vérité suprême ou *pāramārthika*.

Table des matières

Introduction :
Qu'est-ce que l'ignorance métaphysique ? 7

Texte :
Śaṅkara : *Traité des Mille Enseignements* 45

Notes et remarques
Sur le texte de Śaṅkara 68

Commentaire
Sur le Traité des Mille Enseignements 99

Table des matières 127

Achevé d'imprimer en mars 1994
sur les presses de l'Imprimerie Bussière
à Saint-Amand (Cher)

— N° d'imprimeur : 616. —
Dépôt légal : mars 1994.
Imprimé en France